世界が破壊される前に日本に何ができるか

孫崎享
Ukeru Magosaki
×
副島隆彦
Takahiko Soejima

徳間書店

はじめに

孫崎享氏は偉い人なのだ

この本は、外務省の高官（国際情報局長）であった孫崎享《まごさきうける》氏と私の初めての対談本である。内容の中心は、最新のウクライナ戦争の分析と、日本外交の真実を孫崎大使に語っていただいたことである。

大使（アンバサダー）という言葉は、元々ヨーロッパで、国王（王様）のお友達という意味だ。大使が手袋を脱《ぬ》いでテーブルに叩《たた》きつけたら、戦争の合図となる。日本でも、大使は天皇の勅任官《ちょくにんかん》であって、ひとりひとりが外国に対して日本を代表する。一度でも大使になった人は一生、大使《アンバサダー》を公称できる。

しかし日本にはこの習慣はないので、私は孫崎氏《し》と呼ぶ。それでも本書の中で、私は時々、孫崎大使と呼んでいる。孫崎氏は私より10歳上である。

孫崎氏は本当は偉い人なのだ。その偉さを日本人は誰も理解しない。何が偉いのかと言うと、私は氏のご自宅で対談していて、驚いた事実がある。

孫崎氏が外務省に入って（１９６６年、23歳）、すぐにイギリス陸軍の言語《げんご》学校（アーミー・スクール・オブ・エデュケイション）に派遣された。この学校は、どう考えてもイギリスの高級な国家情報部員（国家スパイ）の養成学校である。私はここはイギリス陸軍大学の一部だと思う。

孫崎氏は、この言語学校（敵国の言語であるロシア語を教える）で13人の同期生と学んだ。その中に、ケント公　Duke《デューク》 of《オブ》 Kent《ケント》（プリンス・マイケル・オブ・ケント）がいたという。その他、風変わりなイギリス貴族たちが、孫崎氏のご学友である。その中のひとりの変人は、孫崎氏の御自宅に泊まったそうだ（Ｐ２２０）。この人物は英国家情報部ＭＩ６《エムアイシックス》の副長官になった。

もうひとりの変人は、２００３年からのイラク戦争（War in Iraq）でＷＭＤ《ダヴリューエムディー》（大量破壊兵器。核と生物兵器）がイラクで見つからなかったことで、アメリカ政府（子ブッシュ政権）が追い詰められた時の主導者である。これ程《ほど》の人物でなければ、アメリカ政府を揺さぶることはできない。

イギリス貴族かつ高官の中の、正義の変人たちは、これぐらいの奇妙な人々である。アメリカが大嫌いなのだ。それでもイギリス支配階級の中で堂々と生きている。孫崎氏が、日本国内で変人外交官扱いされるのは、これ程の高貴な精神をイギリスで叩き込まれ、涵《かん》養《よう》して来たからである。孫崎氏の反米精神の神髄はここで育《はぐく》まれた。

孫崎氏は、日本の言論界で、今では陰謀論者（コンスピラシー・セオリスト）扱いされていると、私は聞いている。私が「孫崎先生は、外務省で対米自立派（アメリカの言いなりにならない人たち）、即《すなわ》ち、冷《ひ》や飯《めし》喰《ぐ》いですよね」と言ったら、孫崎氏は否定もせず、同意する様子だった。こんな失礼なことを、これまで面と向かって言われたことがないのだ。

本当は、自分たち対米自立派（アジア重視派）が、ずっと外務省の主流であって、アメリカにヘコヘコする対米追随《ついずい》派よりも、ずっと誉《ほまれ》高いのだ、という強い信念をお持ちである。孫崎大使が所属しているアメリカ何するものぞ、の対米自主派の重厚な伝統は、本書第4章P182以下で出てくる坂本重太郎《さかもとじゅうたろう》や谷野作太郎《たにのさくたろう》の連綿《れんめん》と続く、日本外務省の内部の激しい争いの苦闘である。孫崎氏はこの考えを深く受け継いでいる。

本書の第4章で、戦後の日本外務省の大きな骨格を初めて外側に明らかにした。大変重要である。

前述したケント公爵と付き合いができる日本人は希有《けう》の存在である。ヨーク公アンドリユー王子（故エリザベス2世の次男。少女売春で悪評判）や、エセックス公ヘンリー王子（アメリカ黒人のメーガン・マークルと結婚して王室から追放）と、グロスター公くらいしか英公爵《デューク》はいないのだ、ということを日本人は知識層でも知らない。

ケント公爵というのは、日本で言えば、今も続く徳川公爵家（尾張名古屋で徳川氏の宗家《そうけ》）のような人なのだ。または近衛家《このえけ》を筆頭とする藤原摂関家《せっかんけ》、あるいは、水戸光圀《みとみつくに》（黄門《こうもん》さま。三代将軍家光《いえみつ》の従兄弟《いとこ》）のような立場の高貴な人なのだ。だから「下《げ》ろうども下がりおろう」というような人だ。今でも英連邦（コモンウェルス。カナダ、オーストラリア、インドを含む）では、英国王の叔父と知られ畏《おそ》れられる。

今の日本は、天皇家（皇室）以外はアメリカによって消滅させられたので、私たちは貴族を実感で分からなくなった。

なぜ、孫崎氏が風変わりな外交官で変人扱いされているのに、本人が全く気にしない理由を私は、ハッと分かった。日本外務省の権威なんか、はるかに超えている人なのだ。

孫崎氏は、日本外務省がイギリスに送り込んで、最高級の国家スパイとして育てられた特別な人材なのだ。たかがアメリカの子分になり、アメリカの手先をやっている日本人学者や、ジャーナリストであるお前たちなんかとは、格《クラス》がちがうのだ。

イギリス貴族は、長い歴史からアメリカを見下《みくだ》す。この精神が孫崎氏に深く、びっしりと転移している。孫崎氏の言論は、外務省を離れて解き放された。そして、ただひたすら日本国民に帰依《きえ》すると決めた。

孫崎氏のこの複雑な経緯《けいい》と心理は、特異なイギリス仕込《じこ》みの国家スパイ教育を受けたことからにじみ出ていると私は分かった。孫崎氏の言論を軽くみて、ケナしている程度の者たちなど、氏は高見《たかみ》から嗤《わら》い蹴散《けち》らしてしまう。

本書中の孫崎氏の発言は、全く表面的な過激さはない。読者は飽《あ》きてしまうだろう。だが、氏の発するコトバには、日本を背負って外交の現場で、その国家機密の中を、長年泳いで来た人間としての重みがある。

本書P149で、中国を代表する学者の発言が出てくる。ここに出演する各団の代表は、おそらく、孫崎氏と同じような各国の、上に突き抜けた変人学者たちであろう。このレベルになると、それこそ何を言ってもいい。自国政府の見解や態度と異なっても構わない程の論客たちであるようだ。

その日本代表が、まさしく孫崎氏なのである。だから孫崎氏が、世界政治言論の中に選ばれている独特の地位を、私たちは知るべきなのである。

中国を代表する学者が言った。「日本は（中国とアメリカの）どっちに付くんだ」という激しい直截《ちょくせつ》の問い詰めをした。国内の言論人である私たちは、こんな厳しい質問を突きつけられたら、まともに答えることはできない。ヘラヘラと言《げん》を左右にするしかない。

中国は、アメリカと決定的に対決すると決めたようなのである。アメリカとの戦争までも準備している。そのために習近平の独裁に近い体制づくりをした。中国共産党第20回大会（20大《だい》）の翌日、２０２２年10月23日に決まった7人の新指導部「チャイナ・セブン」の強い決断である。まず金融と経済（貿易）面で、アメリカからどれだけ痛めつけられても中国は、もう後《うし》ろに退《ひ》かない。

私たち日本人は、まだ甘い考えをしている。私は孫崎氏のさりげない言葉から、世界の最先端の大きな動きを悟った。

孫崎氏が、ここで日本を代表する外交官の言論人として世界と立ち向かっている。このことを私たちは知るべきだ。世界水準にある人物たちは、それぞれの国がもつ限界を上離《うわば》なれることで、初めて最高水準の人間たちの交《まじわ》りとなる。この水準に到達した有資格者はなかなかいない。

たかが、アメリカの手先、子分をやっている分際《ぶんざい》で、孫崎氏を見下せると思うな。

外務省には大使をやった高官たちが山ほどいるだろうが、みんな御身《おんみ》大事で大勢に抗《あらが》うことをせず、停年後の自分の生活の利得《りとく》をかき集めることに窮々《きゅうきゅう》とする。

本書の一番重要な問題である、プーチンは果たして核兵器を本当に使うか、の問題に関して、私は孫崎氏に率直にぶつけた。

「孫崎先生。私は、もうあまりに西側（欧米勢力）が、ヒドい謀略（ブチャの虐殺の捏造《ねつぞう》とか）をロシアに仕掛けるので、怒《いか》りました。もういい。プーチン、核兵器を以下の4つに射ってくれ、と書きました。人類の諸悪《しょあく》の根源である①ローマ・カトリック教会の総本山のヴァチカンに1発。②イギリス国教会（アングリカン・チャーチ）の総本山のウェストミンスター大聖堂《カテドラル》（その裏側が英議会）。③オランダのハーグにある国際司法・刑事両裁判所に1発（ここは戦術核でいい）。そして4つめが、④ニューヨークだ。この4発をプーチン射ってくれ、とまで言ってるのです」と、私は言った。

私はここで無視されるか、あきれられ、あまりの非常識を非難されると思った。ところが。孫崎氏は何と、「それでいいんですよ。それでいいんですよ」と言ってくれた。副島さんがプーチンに命令して、核を射てと言ったのですから。どうも、それはお前の意見で、主張だから勝手に自由に言っていいという意味らしい。

私は、この孫崎氏の全てを突き抜けた、高いレベルの議論の仕方が、世界最高水準の知識人たちの間には有るのだとハタと気づいた。これぐらいのことを言えないようでは、知識人としては、世界で通用しない。

私が孫崎享氏を、日本最高の国際人材（世界で通用する）だ、と厳格に判定した理由は、以上のとおりである。

あとは皆さん、本書を読んでください。

2023年1月

副島隆彦

『世界が破壊される前に日本に何ができるか』　もくじ

第1章 「安倍処分」の真相

安倍晋三を殺したのはアメリカだ

大転換する世界の行方

第2章

ウクライナ戦争の真実

なぜプーチンは嵌められたのか

第3章 崩れた世界のパワーバランス

世界経済をリードする中国と新興大国

第4章 日米外交の正体

外務省と対米追随の戦後史

第5章

スパイと日本外交のリアルな話

日本外交のリアルと大使のお仕事

第6章 戦争しない国 日本の戦略

日本が戦争しないために出来ること

第1章

「安倍処分」の真相

安倍晋三を殺したのはアメリカだ

山上は安倍殺しの単独犯ではない

副島　孫崎先生は、安倍晋三《あべしんぞう》の銃撃死亡事件（2022年7月8日）をどのようにお考えですか。

孫崎　岸田《きしだ》政権の落とし所は、ことごとく失敗しています。初めは、安倍さんが殺された理由は、山上徹也《やまがみてつや》（42歳）個人の恨《うら》みだとして収めようとしました。しかし、問題は、統一教会（世界平和統一家庭連合）のほうに向かい、それから、安倍国葬にいきました。政権の中に、クライシス・マネジメント、即《すなわ》ち危機管理をできる人がいないのです。

これまでの日本の政治は、表に出る人と、黒子《くろこ》になる人との両方で運営してきました。本当は決して表に出ることのない、黒子に徹する人たちのえげつなさが、それぞれの政権を維持してきました。岸田政権には、そういう裏方が存在しない。メディアを抑えていく力が弱ったのでしょうね。

副島　そうですか。「国葬やめろ、国葬反対」が国民の8割以上でした。この数字を出したくないものだから、どこの新聞社でも、必ず、反対は51％と書きましたね（笑）。

２０２２年９月27日に、国葬は外国から賓客《ひんきゃく》たちを招いて行われました。その前の８月22日に、毎日新聞の世論調査で、岸田政権の支持率が一気に36％に落ちて、16パーセント減りました。あれで岸田は血相を変えたようです。それで本気になって、統一教会と自民党との関係を見直すと、報告書を出しました。

自民党で関係があったのは、１８６人でした。自民党の３７８人の国会議員（衆議院と参議院）のちょうど半分です。

表面に出ている者に関しては、岸田政権は全部出しました。「統一教会との関係を断てない者は、自民党を出ていってもらう（除名する）」と、茂木敏充《もてぎとしみつ》幹事長が言い切りました（８月31日）。そうしないと岸田政権はもたないと、岸田文雄《ふみお》本人がはっきり自覚したと思います。

このあと９月15日、時事通信の世論調査で内閣支持率は32％に落ちました。私が政治家に聞いたところでは、この時事通信の世論調査は、政府のお金が入っているので、政権は深刻に受け止めるようです。

だが優柔不断で、根性なしの岸田はその後もはっきりとした態度を取れない。グズグズと、統一教会と自民党の根深い関係を断ち切ろうとしない。これで国民の間に、もう岸田はダメなんじゃないか、という声が出ています。まあ、低空飛行でなんとか延命するつもりのようです。

孫崎　ところで、この事件、本当に山上1人でやったのかな?

副島　単独犯ではない、と孫崎先生は思うのですか。

孫崎　いろいろ考えると、とても1人でできる状況ではなかった、という気がします。何の裏付けもありませんが、1人ではとても無理だ。私が知っているアメリカ系の人が、事件が起きた奈良市の大和西大寺《やまとさいだいじ》駅の裏側は、歴史的にものすごく複雑な場所だ、と言っていました。駅の表と裏とでは事情がまったく違うのだそうです。

そういう問題を見ていくと、山上1人の問題として片づけていいのか、疑問に思っています。

副島　うーん。そうですね。私も、どうやら安倍殺害には、アメリカの上の方の人々の意思が働いている。これに、岸田政権の高官たちも深く関わっているようです。これは、ちょっと危ないので、いくら私でも口ごもるのですが。高官たちとは、茂木幹事長と松野博一《ひろかず》官房長官、官房副《ふく》長官の木原誠二《きはらせいじ》の3人のようです。ハーヴァード大学留学組です。木原誠二が反安倍の突撃隊長だった。

安倍が殺される前月の6月まで、木原は、安倍及び高市早苗《たかいちさなえ》と激しくいがみ合っていましたからね。木原は財務官僚あがりです。そして、今は、各庁の官僚たちを束《たば》ねる官房副長官です。財務省が握っている国家予算の決定権限まで木原が握っているようです。来年（2023年）度の国防費を5・7兆円で収める（妥結する）と木原が決めました。

安倍たちは、「もっと出せ、もっと出せ」で、防衛費をGDP（570兆円、4・9兆ドル）の2％である10兆円までどんどん増額せよ、と木原とぶつかっていた。そこへ安倍暗殺事件が起きた。

安倍が死んだ現場では、「総理、大丈夫ですか」と、周りにいた4、5人が安倍に覆い被《かぶ》さった。おそらく、このとき、何者かが安倍の喉《のど》に小さなピストルを押し当てて、パンパンと2発撃ったのでしょう。撃ったのは、やはりSP《エスピー》でしょうね。

孫崎　ほー。なるほど。

副島　小さな銃で撃った。消音してある。あのとき、山上は、ドーンと大きな音を出して煙が上がる発煙筒を撃っただけです。あれは、ただの海難救助用の信号弾発射機ですね。

その証拠に、周りの誰にも弾《たま》が当たっていない。安倍はこの直後、背中を丸くして自分で地面にしゃがみ込みました。山上に撃たれて倒れたのではありません。死んだのは、この直後ですね。ここで撃たれています。

警察官というのは、軍隊と一緒で、「上官の命令に従いました」これですべて免責《めんせき》されます。公務員として上官の命令に従う。彼らは自分で正しい、間違い、正義、悪、好き嫌いを決めません。国家のマシーン（暴力装置）ですから。

警察は、①警備《けいび》警察（政治警察）、②刑事《けいじ》警察、③交通警察の3つに大きく分かれています。②の刑事警察の人たちは、毎日、泥棒とか浮浪者を相手にしていますから、ウソを付かず、職務に誠実です。これがいわゆる「刑事さん」です。彼らのほとんどは高卒です。ちょっと出世すると制服を着ない私服の刑事になる。

殺害をめぐる不可解な謎

副島　安倍の喉のところに二発穴が開《あ》いていた。心臓の心室《しんしつ》（心房の下の方）にやや大きな穴が2つ開いていた。不思議なことに、この心室で弾が消えている。奈良県警は、「左肩から入った銃弾が動脈を傷つけたのが致命傷だ」と発表しました。これは間違いです。

ところが、司法解剖をした奈良県立医科大学の福島英賢《ふくしまひでただ》教授は、「心臓が激しく損傷していた」と、記者会見で一所懸命、説明していましたね。司法解剖をする医者は、検視官《けんしかん》

誰が安倍晋三を殺したのか!?
謎だらけの安倍銃撃死亡事件

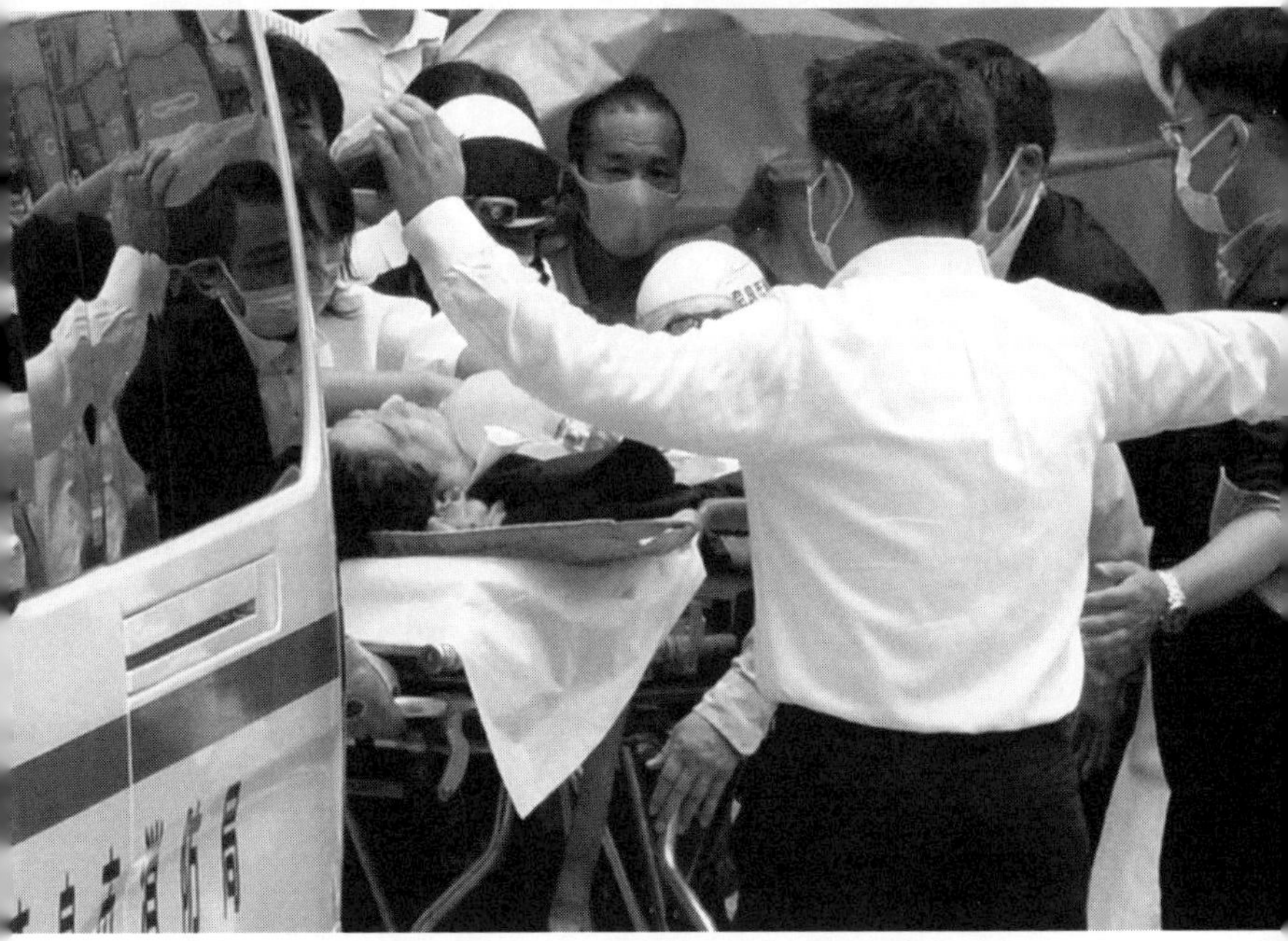

銃撃後、救急車で搬送される安倍晋三元首相（2022年７月８日）

事件後、６カ月も過ぎたのに裁判が行われない。検死報告書も出ない。殺人容疑者とされる山上徹也（42歳）への精神鑑定で大阪拘置所での勾留《こうりゅう》が続くばかり。事件の真相は究明されない。

写真：読売新聞／アフロ

でもあり、絶対にウソをつきません。安倍晋三の検視報告書が今も出ていません。きわめて異例の事態です。

実弾が見つからず、検視報告書も提出されない。となると、山上を被疑者《ひぎしゃ》とする裁判が成り立ちません。奈良県警としては、困り果てているのでしょうが、上（東京）からの厳しい命令で、「お前たちはいっさい動くな」と言われているのでしょう。

あのとき奈良市長もあの場所にいましたね。他にもおかしな人間が周囲にたくさんいて、安倍をわざと奈良に連れて来たようです。私の知っている政治家が、「おかしいなあ、SPはいつも2人来るんだよ。なんで1人だったのかな」と、私につぶやきました。

孫崎　1968年6月5日、ロバート・ケネディの暗殺のときのようですね。彼は、同じく暗殺された兄のジョン・F・ケネディの弟で司法長官を務めました。ロバート・ケネディの暗殺でも、真犯人は別にいると、私はかなりの確信を持っています。

副島　そうですね。ロバート・〝ボビー〟・ケネディは、周りにワーと、たくさん人がいた演説会場でやられています。兄のジョン・F・ケネディ（1963年11月22日暗殺）もそうです。マリリン・モンローとの関係とか、兄弟で同じ弱みを握られていた。民衆（国民）に支持される大きな正義を持っている政治家の悲劇は、いつもそういうことですね。

政治家は殺されて当たり前だと、私はいつも思っています。みんなのために一所懸命、闘って頑張った人が殺された場合には、国民に愛されていますから、本当の葬式ができます。ところが安倍みたいなヤツが、あんなひどい死に方をしたら、国葬になんかなるはずがない。国民が哀悼《あいとう》しません。この点を見誤まったら、自民党政治は終わりですね。

安倍の暗殺と統一教会の問題は、大きな意味での国家の危機です。私は自民党の崩壊までいくと思います。自民党を支えてきた保守派のまじめな人たちが、黙って静かに怒っていることが大事です。

彼らは統一教会のような気色の悪い反共右翼を嫌います。ここの区別が大事です。そのほかの勢力の人たちは何を言っても、しょせん反《はん》自民党の庶民層ですからね。力になりません。

孫崎　基本的には、統一教会の問題は、中国、朝鮮を敵だとしながら、裏で、韓国の統一教会と深くつながっていた。自民党は、このことを説明できませんね。

副島　まったくその通りです。日本国内で、あれほど韓国、朝鮮を嫌う言論を広めておいて、安倍晋三たち自身は、韓国発祥の気色の悪い宗教団体に囚《とら》われていた。統一教会の信者が政権閣僚をはじめ、地方議員やいろんなところにたくさん潜り込んでいる。

自民党支持者の中の、温厚な人たちが本気で怒っていると思いますよ。ここを軽く見たら自民党は危ないですね。ここからの声が出てくると、自民党解党まであっていいと思っています。

もう許さん、という気持ちが、自民党を支えてきた本物の愛国派で民族派の人たちから起こるのではないか。そこに火がついてくれると嬉《うれ》しいのですが。そんなうまくいくか分かりません。統一教会の安倍勢力の残党が反撃に出てきています。

私は、コンスピラシー conspiracy という英語を、権力者共同謀議《きょうどうぼうぎ》論と訳せと、この10年間言い続けてきました。権力者たちによる共同謀議（コンスピラシー）は有るのだ、と。それは、警察や裁判所までも全部上から押さえています。まさしく今回の奈良県警がそうでしょう。刑事警察官である刑事たちが見事《みごと》に押さえ込まれている。だから権力者共同謀議なのです。これを簡単に、✕陰謀論というコトバで片づけてはいけない。

世間一般では、こういう時に、「それは陰謀論だね」と一笑に付して、無視することになっています。私は陰謀論というコトバ自体を許さない。そこらの小さな犯罪者集団がやることではないのです。

一国を支配している権力者たちが実行する。だから彼らが捕まる訳《わけ》がない。まさしく私が、今の日本を代表する✕陰謀論者です。いまさらそう言われても、怖くもなんともありません（笑）。

安倍暗殺はアメリカの怒りが原因だった

副島　日本の統一教会の信者は、60万人だそうです。警察の上の方（まともな人たち）が、「これぐらいなら片づけられる」と言ったそうです。国家体制から排除できると判断しているのでしょう。60万人のＩＤ《アイディ》（個体識別）をすでに取っているらしいです。

韓国には信者が30万人程度います。韓国では、ただの邪教《じゃきょう》の集団のひとつ扱いらしい。組織として日本の方が大きい。60万人の構成員ですが、３００万人ぐらいまで影響力を持っているでしょう。

統一教会は、警察庁や検察庁、法務省にまで潜り込んでいます。安倍の子分で検事総長までなろうとした黒川弘務《くろかわひろむ》（東京高検《こうけん》検事長だった）が、その代表ですね。テレビ、新聞などのメディアの中にも、かなり潜り込んでいる。彼らに同伴している評論家や学者、コメンテーターたちも、統一教会の息がかかった連中が多い。非常に困った事態です。

彼らは居直っている。宗教の自由、信教の自由（憲法第20条）を防御壁にして、公務員ではない、民間人なのだから、と。この統一教会に対して、「組織解散命令」（宗教法人法第81

条）を出すことができます。そうすれば彼らはかなり追い詰められる。

公人《こうじん》（public《パブリック》 personage《パーソネッジ》）である議員や公務員たちを、公職から追放するべきです。なぜなら、普通の信教の自由を通り越した「著《いちじる》しく公共の福祉（パブリック・ハピネス）に反している」場合は、公務員に適さない。

私が考えたのは、日本国憲法第20条の「信教の自由」の適用問題です。この条文は、まず、(1)国家権力からの宗教弾圧に対して、この憲法が国民の宗教の自由を守る、と書いてあります。このあとに、(2)「いかなる宗教団体も国から特権を受けてはならない」。そのあとに、(3)「いかなる宗教団体も政治上の権力を行使してはならない」と憲法第20条に明文で書いてあります。

私は、この(3)の政治的な権力を、統一教会は安倍晋三を首相にすることで手に入れたと判断します。大臣たちの任命権を持つ安倍内閣に閣僚として、二十数名の統一教会系の国会議員が入っていた。これはまさしく憲法第20条違反だと思います。弁護士たちが、今、その理論づくりをやっています。

孫崎　個人の「宗教の自由」と、「宗教」を語る組織が経済的に不法なことを行う問題とは、明確に分けなければいけない。統一教会の問題は後者の問題です。

副島　統一教会は、必死で「自分たちには信教の自由がある」と言って、生き残りをかけて反撃している。これに対して、フランスは、反《はん》カルト法（２００１年）を作りました。カルト　cult　とは、日本語に訳すと、淫祠《いんし》邪教の集団です。テレビの番組で、紀藤正樹《きとうまさき》弁護士が、フランスの反カルト法の法理論を語っていました。

「宗教団体の教義の内容にまで踏み込むのは、信教の自由があるから危険だ」と主張する橋下徹《はしもととおる》に対して、紀藤は、「あなたは40年前に出たフランスでの議論を知らないのか。法律の専門家なのに。すでに信教の自由の問題を超えているのだ」と言いました。橋下は必死で統一教会を擁護しようとしていた。このとき、橋下の手が震えているのがテレビに映ってしまった。

フランスの反カルト法は、宗教団体への弾圧ではなく、団体規制です。たとえば、経済団体である企業や、政治団体である政党などと同じように、宗教団体を名乗っていても、その実態に応じて法律で規制する、という理屈（法理論）がフランスで出現しました。人類の知恵として、このフランスの先例に日本も従うでしょう。

オウム真理教は、宗教法人法第81条の解散命令（１９９６年、最高裁判決）を受けて、組織が解体されました。この条文の要件は、「著しく公共の福祉に反する場合」となっています。今回の統一教会にも、この規定を適応することになるでしょう。

この他に、法律家の世界では、「公序良俗《こうじょりょうぞく》に反する場合（民法第90条）」が非常によく使われます。さらにこの他に、「反《はん》社会的団体」（略して反社《はんしゃ》）に対して適応されます。これが前述した団体規制です。

「著しく公共の福祉に反する団体」というたった一言で統一教会の問題を扱っていいのか、は私にとっても今の悩みです。それで済むのだったら、組織暴力団と同じ扱いですね。

統一教会から宗教法人性を剝奪《はくだつ》したら、残るは脱税の問題になります。この20年間で、4800億円、あるいはその数倍の日本からのお金が、韓国経由でなく、直接アメリカに流れて、ワシントンの政治家やジャーナリスト、官僚たちをお金の力でたくさん汚染しました。お金の力は恐ろしい。

教祖である文鮮明《ぶんせんめい》（ムン・ソンミョン）の影響を受けた、文《ムーン》鮮明主義者、即ちムーニー（Moonies）たちが、世界帝国の首都であるワシントンをまでも汚した。それに対するアメリカの支配層からの激しい怒りがあります。これが今回の安倍殺害の大きな裏側の真実で、本当の原因だと私は考えています。

竹島をめぐる韓国からの工作資金

孫崎　統一教会の問題と関わりますが、韓国のワシントンロビー（政界）への働き掛けと、日本との関係をお話しししたいと思います。ひとつは竹島問題です。

終戦直後、日本に、なんとなく竹島は韓国にあげる、韓国領にするという雰囲気がありました。１９５１年９月８日、サンフランシスコ講和条約を結んだとき、韓国側は、竹島（韓国名 独島《ドクト》、米国名 リアンクール島）を、日本が放棄するようアメリカに働き掛けました。

これに対して、当時のアメリカの国務次官補が、「竹島はこれまで一度も韓国のものになったことはない。歴史的に一貫して日本のものだ」という文書を出しました。これが基本的なアメリカの政府の立場だったのです。

その後、息子の方のジョージ・Ｗ・ブッシュ（１９４６年―）大統領が、２００８年に、韓国を訪問したときに、韓国側が猛烈な働き掛けをしました。ブッシュ大統領のお父さんの大統領ライブラリー（図書館）を作るための資金を出すことを口実に、かなりの資金がブッシュ・ジュニアのほうに流れたわけです。それを受けて、アメリカ地名委員会は、竹島を独島と呼び、韓国領だと決定したのです。

アメリカの場合、地名に関する政策を扱う地名委員会が重要な役目を担《にな》っています。かつてインディアンが付けていた土地の名を、後からやって来た白人が次々に代えていきました。だから白人がインディアンを追い詰めていく歴史的な過程と、この問題はリンクします。それだけ地名には重要な意味があるわけです。

副島　あのとき（2008年）、日本海という言葉をやめて、東海（東の方の海）に代えるという話も出たわけですね。

孫崎　そうです。地名委員会が独島にして、韓国領ということを明記したわけです。当時の町村信孝《まちむらのぶたか》官房長官は、記者会見で、「アメリカ政府の一機関のやることに、あれこれ（日本として）反対することはない」と述べ、アメリカ政府の記述の変更を求めず、事態を静観する考えを示しました。竹島問題は、この時の日本側の判断がものすごく重要です。

2008年に、ブッシュが韓国を訪れた時に、竹島を韓国領とすることを決めた。そういう動きがあったのに日本側はまったく見逃して、国際的には韓国領だという考えがそのまま定着してしまいました。

本来、日本の領土は、ポツダム宣言で、「日本は、本州、北海道、九州、四国の島々であり、その他の島々は、連合国側が決定するものに限定することに合意」しています。

副島　ポツダム宣言（1945年7月26日に発表）のあとのサンフランシスコ講和条約（19

51年9月8日）でも、そうですね。つまり、日本は4つの大きな島以外は、外国領土を含めて放棄したはずだ、と。

孫崎　はい。日本の領土問題は、この時のアメリカの対応が非常に大きな意味合いを持っています。本来、アメリカに抗議をするべきだったのに、抗議をしないまま基本的に今日まで来ています。

竹島問題の場合、アメリカ政界に統一教会のお金が流れたのかどうか、私には分かりませんが、少なくとも、韓国政府がブッシュに渡した資金が大きな影響を与えました。

アメリカ政治を汚した統一教会

副島　ああ、そうか。統一教会が、どのようにはびこったか。そして何とアメリカの政治までも汚した。その一番重要な動きはどこだったのかと、私は20年ぐらい前に調べたことがあります。

統一教会は、1954年に、文鮮明《ぶんせんめい》（1920―2012年。92歳で死）によって韓国で創設された。このすぐあと、1956年に、岸信介《きしのぶすけ》政権（第1次、1957年）ができる前から日本に上陸している。このことは今では、そこら中で書かれています。

アメリカの政治と統一教会の関係では、朴正煕《ぼくせいき》（パク・チョンヒ）大統領（任期１９６３—１９７９年）の陸軍士官学校時代の後輩であった朴普煕《ぼくふき》（パク・ポヒ　１９３０—２０１９年）という人物がものすごく重要です。この人は、統一教会の古参幹部で、英語が出来て、アメリカの陸軍士官学校（ウエストポイント）にも行っています。戦後、政府高官のまま統一教会に入信し、ワシントンで、「ワシントン・タイムズ」紙も発刊しました。

朴普煕《パクポヒ》は統一教会の№２であり、１９６１年に駐米韓国大使館の武官補佐官となり、統一教会のアメリカ布教を広げた。首都ワシントンに、韓国文化自由財団という組織を作りました。これが重要だと思います。初代の総裁は金鍾泌《キムジョンピル》です。金鍾泌が朴正煕政権のときの首相で、初代の中央情報部（ＫＣＩＡ）長官です。

この朴普煕と金鍾泌が、世界中に反共産主義の運動を広めた。韓国は国家ぐるみで、ＫＣＩＡ（今は国家情報院に改名）を中心に、各国に反共《はんきょう》右翼思想の拠点を築いた。続けて１９６８年に、日本で、文鮮明は、笹川良一《ささがわりょういち》、岸信介と一緒に国際勝共《しょうきょう》連合を作った。それと共に、日本の各大学に原理《げんり》研究会（ＣＡＲＰ、カープ）が出来て、学生たちを原理研の活動家に育てていった。発足したのは、国際勝共連合より少し早い１９６４年です。

孫崎　さて、少し別のお話しをしましょう。岸信介、笹川良一らは満州において巨額の資金を集めた。その資金源のひとつが麻薬です。岸たちは満州から日本に帰り、勢力を築いた。その背景にこの資金があります。戦後も消滅しなかった。

戦後、連合国軍が来て、日本を支配した。彼らは、旧日本軍などの隠匿《いんとく》物資摘発を行った。その時、日本側で協力したのが、今日の検察の特捜部です。彼らは、出発点からアメリカとつながっています。

さて、そこで、岸たちの持っていた麻薬を源とする資金はどうなったか。岸と笹川たちは、ここでアメリカと取り引きしたのではないか。命を助けてもらう。その代わり資金をアメリカに渡した。そして、この金が韓国にも流れた。「勝共《しょうきょう》」という名で、アメリカ、韓国と岸たちがつながっていると思います。

副島 同じ頃、ヨーロッパで、ワックル(WACL World Anti Communist League ワールド・アンタイ・コミュニスト・リーグ)という反共組織ができました。今もあります。ヨーロッパNATO30カ国の反《はん》共産主義の軍人、将軍たちがこれに入っています。ロシア、中国と今すぐにでも戦争を始めるという将軍たちの団体です。

今のNATO軍の将軍たちが、まさしく、このWACLのメンバーです。ポーランド、リトアニア、ドイツ、スウェーデンの軍人たちが中心です。このWACLは、まさしく国際勝共連合の兄弟組織です。これらが、統一教会の下部組織です。

プーチンは偉大な政治家です。だから、こいつらと本気で戦う、と決めてそれを実行に移した。私は、もう20年間、これらの世界規模の大きな事実を自分の本に書いてきました。統一教会問題は、日本だけのことではありません。今のウクライナのゼレンスキーたちもこの勢力から生まれた。

1972年9月に、田中角栄《たなかかくえい》（首相）と大平正芳《おおひらまさよし》（外相）が中国に行って、周恩来《しゅうおんらい》そして毛沢東《もうたくとう》と日中国交回復をしました。それより早い同年の2月に、ニクソンがアメリカの大統領として初めて中国を訪問しました。

ニクソンがやったのだから、日本がやってもいいじゃないかと、角栄は中国に行った。このあと、ロッキード事件（1976年2月）で田中角栄は失脚させられた。同じ年1972年6月に、ウォーターゲート事件が起こり、ニクソンも追い落とされた（1974年8月辞任）。今から考えると、これらの背後に、統一教会の反共右翼たちの動きがあります。

アメリカの対《たい》中政策を推進したのは、ニクソンの大統領補佐官だったヘンリー・キッシンジャー（1923年―。99歳）です。キッシンジャーは、1971年7月9日に、極秘でパキスタンから中国に入国し、周恩来首相、毛沢東国家主席と会い、米中の関係を正常化した。キッシンジャーの大きな戦略は、ユーラシア大陸を切り裂くようにソ連と中国を分離し、中国をアメリカ側に取るというものでした。

この1971年10月に、中国が国連に加盟し、同時に、国連総会で台湾が追放（エクスコミュニケイション）されました。台湾は自分から出て行ったとか言っていますが、脱退ではなくて、台湾追放です。このことを日本のメディアは1行も書かない。日本国民に教えない。台湾追放は世界で通用している公共知識です。

ところが、現在は、アメリカが台湾を死守して絶対に中国に渡さない、という状態になっている。それどころか、中国を台湾に攻め込ませようと画策している。日本もこれに巻き込む、というのがアメリカの戦略です。

1973年1月、パリでベトナムとの和平協定が成立した。これによって、アメリカ軍は、2年後にベトナムから撤退した。このとき南ベトナム政府は瓦解《がかい》しました（1975年4月、サイゴン陥落）。キッシンジャーの戦略で世界はこの後も動いた。

こういう大きな流れの中で、統一教会と国際勝共連合の兄弟組織は、世界に反共主義を広めるという動きを、韓国の在外《ざいがい》の全ての国家機関と共に実行したことが重要です。

孫崎　アメリカの対外対策を見ると、表の動きと裏《うら》の動きがある。キッシンジャーたちは表で動きますが、これに呼応して裏も動く。そして興味深いのは、裏の資金は、たいてい現地で非合法、あるいは反モラル的につくる。その反モラルなところに日本の暴力団や統一教会のようなものが関与します。

したがって、統一教会の問題を追及していくと、戦後の岸信介までさかのぼる。それが安倍元首相とつながっている。だから、自民党は絶対、統一教会と安倍元首相のところに踏み込めない。それをやったら暗部をさらすことになりますから。

キッシンジャーたちが「安倍処分」を決めた

孫崎　副島さんの言われたことで、気付いたことがあります。ウクライナ問題と台湾問題には、共通点がありますね。

アメリカ側から見ると、ロシアと中国は、操《あやつ》る対象です。ロシアと中国の2国を融和（アピーズメント）させることによって、上手に利用しながらアメリカによる世界全体の支配をやっていこうとする。

長い目で見ると中国ですが、彼らを自分の配下のような形で、アメリカ中心の世界に巻き込む。こうすることで世界秩序を作っていく。これがキッシンジャー流の戦略だと思うのです。

今回のウクライナ問題で、キッシンジャーが言っていることは、ＮＡＴＯ（北大西洋条約機構）がウクライナにまで拡大すると、ロシアの反発を招く。そうすると、これから何十年も、ロシアをアメリカ中心の世界秩序の中に巻き込むことが出来なくなる。だから、ウクライナ問題では、西側同盟は事を荒立てるようなことをしてはいけない、ということです。これがキッシンジャーの考えです。

副島　孫崎先生に全く同感です。キッシンジャーは、２０２２年5月23日に、ダボス会議にテレスクリーンで出ました。そして、「2カ月で停戦せよ。そうしないとロシアとＮＡＴＯが直接対立することになる」と言いました。

この時に、キッシンジャーは、ロシアがウクライナで占領した地域はロシア領だと、西側《ザ・ウエスト》は、ウクライナに認めさせろ、とは絶対に言いませんでした。これを言うと、外交問題では、話がぶち壊しになってしまいますから。ウクライナ（ゼレンスキー政権）が絶対に認めない。

私には、アメリカのリバータリアンという政治思想集団からの情報が入ります。私は、安倍晋三の死亡を、「安倍処分」と呼んでいます。

どうやら、安倍を処分しようと決断したのは、キッシンジャーたちのようです。キッシンジャーの横に、ＣＦＲ《シーエフアール》（外交問題評議会）の会長を長く務めたリチャード・ハース（１９５１年―。71歳）がいます。この2人で決めたようです。

最近入った情報では、これにメーガン・オサリヴァン（1969年―。53歳）という女性が加わっている、と分かりました。彼女は、現在は、ハーヴァード大学ケネディ行政学大学院教授で、CFRの幹部で、米欧日三極委員会（トライラテラル・コミッション）の北米議長です。ボヘミアン・グローブの幹部でもあります。

彼女は、ハーヴァード大学教授から上院議員にもなった、ダニエル・パトリック・モイニハン（1927―2003年）の愛弟子《まなでし》です。モイニハンは学者政治家で、高い見識で尊敬されていた。

ネオコン思想の創始者の1人にジーン・カークパトリック女史（1926―2006年）がいた。彼女はレーガン政権の国連大使をした。皆にカミソリのような頭で恐れられた女性です。オサリヴァンハーヴァード大学教授は、まさしくジーン・カークパトリックの後継ぎです。

ということは、ものすごい政策実行（プラクティス）能力のある立場です。このメーガン・オサリヴァンが根回しをして、アメリカの支配階級の頂点の組織を回って、安倍処分の同意を取り付けた。

今、孫崎先生が言われたアピースメント・ポリシー（世界を融和する戦略）に、日本の安倍派は危害を加えていると。だから、もうこれ以上、安倍晋三の暴走を許さないという決

〝安倍処分〟は世界権力者たちが根回しして決断した

メーガン・オサリヴァン(53歳。左)とリチャード・ハース(71歳)

写真上、左：AP／アフロ

ヘンリー・キッシンジャー(99歳)

〝安倍処分〟を決定したオサリバン(ハーヴァード大学ケネディ行政学大学院教授)とハース、そして〝世界皇帝代理〟のキッシンジャー。ハースは米財界の元締めであるCFR《シーエフアール》(外交問題評議会)の会長をつい最近まで19年務めた。オサリバンはハースの部下で、米欧日三極委員会の北米議長だ。

断をした。安倍晋三たちは、秘密裏に、核兵器作りで実際に動いていた。それが、安倍の命取りになったと私は思います。

日本が核（ニュークレア）を持つことは、NPT《エヌピーティ》（核不拡散《ふかくさん》条約）体制への反逆となる。アメリカにとっては、国防上の基準に抵触するレッドラインを超える。日本が核を持つことは、北朝鮮の核と全く同じことだ。現行の世界秩序《ワールドオーダー》違反である。だから安倍は処分された。ところが、このことが、日本の右翼言論人たちには理解できない。「日米同盟」で、日本はアメリカと対等だと思い込んでいる。だから、当然、日本が核を持っていい、と信じ込む。だから、バカな行動をする。日本に核を持たせない、というのは、アメリカの強い意思です。

さらには、日本の右翼の心理の根底には、「日本は、アメリカに対する復讐《ふくしゅう》として核を撃つ権利があるんだ」と思っている。これが、どんなに大間違いで愚かであるかの自覚がない。ゼレンスキーと同じ頭ですね。だから安倍は殺されたんです。

孫崎　なるほど、そうですか。かつてキッシンジャーは、「喉元《のどもと》に突き刺さった骨のような台湾」を中国に差し出して、中国と手を打ちました。今も同じです。ロシア問題も中国問題も、自分たちのシステムの中に取り込むことが、アメリカの国益の拡大になる、という考え方です。

ところが、アメリカの現政権はキッシンジャー戦略と対立して、ロシア、中国と対決することで、ヨーロッパを今まで以上にアメリカに引き付けようとしています。

日本に対しても、ウクライナ危機と同じように、台湾危機というものを作り出すことによって、今まで以上に日本をアメリカに引き付けようとしている。キッシンジャーの考えた世界秩序とは違う動きが出始めています。

副島 そこは、孫崎先生とキッシンジャーの考えがまったく一致していると思います。私も納得します。一言で言えば、ロシア、中国とも仲良くする、共存していくという戦略がキッシンジャー戦略ですね。

孫崎 そういうことです。共存しながら自分たちは拡大していく。周りの国々を自分の子分にするのです。

副島 ところが、そのキッシンジャー戦略が危なくなって、次の段階が出現したように見える。アメリカ帝国の内部分裂が激しく起こっていますね。

大転換する世界の行方

台湾海峡に出ている日本の巡視船の危うさ

孫崎　今、世界は、非常に危険なところに入って来たと、私は思います。対立軸が作られて、ウクライナは、その先兵《せんぺい》になりました。

ウクライナ国民にとって、戦争は何の利益もなく、国土が荒廃し、ウクライナ人が殺されていく状況です。それなのに、ゼレンスキー大統領は停戦をしません。

ゼレンスキーは、自分は自由のために戦っている、と言いながら、ウクライナ国民をおかしくしています。その役割と同じものを、これからの日本にアメリカが期待しているわけです。

驚くべき現象が起きています。２０２２年9月初めに、海上保安庁の巡視船が台湾海峡に出ました。ＮＨＫが、ちらっと報道しました。５、６隻《せき》の巡視船が、台湾海峡に出た理由は、台風が来るからと言っていました。

台風が来るのならば、日本の船舶は日本の方に戻るはずで、南に行くわけがない。ところが、巡視船は台湾海峡の台風に向かっていたのです。

それで何が起きるかというと、台湾問題がすごく緊張している最中に、そこに日本の船がいると、場合によれば、被弾する可能性があります。

副島　どうも海上保安庁（海の警察官）の中にも統一教会が潜り込んでいるようですね。日本の巡視船が、台湾海域での戦闘に巻き込まれて、準《じゅん》軍事公務員が死ぬと、それは敵国と交戦状態に入ったことになるので、戦争です。国家間の戦争です。

孫崎　日本は、その危ないところに踏み込んでいます。そもそも海上保安庁は、日本の国土を守るものです。台湾海峡に出るのはありえない。ありえない現象が起きています。

キッシンジャー的なやり方では、相手を騙《だま》しながら、自分の支配下に入れることで、アメリカの利益を得ようとする。ところが、中国の勢いがアメリカを上回り出して、その図式が成立しないとなると、もうアメリカは、ロシアとだけでなく、中国とも対決せざるを得ません。

意図的に対立軸を作り、両国に楔《くさび》を打ち込むことを、日本にやらせようとしています。場合によると、戦闘も辞さない。

戦闘で勝利する必要はないのです。長く続けさせる。それで中国と日本を疲弊《ひへい》させる。アメリカは武器を提供して闘わせる。もちろん、アメリカ本土が、これに巻き込まれることはありません。

ウクライナ問題で、ロシアに楔を打ち込むのと同じように、中国に楔を打ち込む。それによって対立関係を構築させていく。そういう流れがあると、慶應大学の大西広《おおにしひろし》名誉教授も指摘しています。日本が先兵としての役割を担っている危険性があるのです。

副島 日本が鉄砲玉に使われる、ということですね。台湾が今のウクライナと同じ立場にいるということです。その台湾海峡に、日本の準《じゅん》軍事的公船を出すように仕向けているのは、やはりアメリカでしょう。人にやらせる、という狡猾《こうかつ》な作戦ですね。極力、自分は動こうとしない。

今、ヒラリー勢力のディープステイトとしては、極東でも火をつけろ、と戦争を始めさせる準備をしている。ヒラリー戦略である「戦争の軸足をアジアに移せ（ピヴォット・トゥ・エイシア）」（2011年）という論文以来のものです。

孫崎 副島さんが言っていることと私とは、それほど矛盾はありません。アメリカの指導者たちの中で、キッシンジャー的な流れと、そうではないグループとの闘いが起きている。

副島 アメリカ国務省の中にも分裂がありますね。キッシンジャー系が、統一教会系（ビクトリア・ヌーランド国務次官）の暴走を必死で抑えようとしている。

孫崎　この闘いが激しければ激しいほど、その周辺にも余波が起こります。その流れで安倍氏が殺されたという形であれば、副島さんと私は対立していません。

副島　孫崎大使と私は、同じ考えに立つ同志です。それでもなお、私は楽観主義者です。日本も相当、危険な立場に陥《おとしい》れられている。だからこそ、安倍が殺されたんだ、と考えます。キッシンジャーたちが、日本の一番の好戦勢力（ジンゴウイスト）の頭を奪い取ることによって、危険な流れをやや封じ込めた、抑止したと考えます。

ゼレンスキーと安倍晋三はどちらもネオナチ

副島　イデオロギーの元の言葉は、イデアロゴスです。イデア・ロゴスのイデアは、プラトンが作った「観念」「理念」です。そして下のロゴスの方が、「言葉」という意味と、「論理（学）」（ロジックス）という意味です。ここから学問（ロギア、ロジー）という意味も出て来た。

このイデアロゴス、即ちイデオロギー（政治思想）で考えると、ゼレンスキーと安倍晋三は全く一緒です。ネオナチで、ナチズムの再来です。

ヒトラーは、21歳から23歳まで、極秘でロンドン郊外のタヴィストック心理戦争（サイコロジカル・ウォー）研究所に志願して、そこの軍事学校で洗脳（ブレイン・ウォッシュ）された。最近このことがはっきりしました。

ヒトラーのこの時期の消息は分からないと、ヒトラーの一番正確な伝記を書いた人も認めている。ヒトラーは、オーストリア帝国の首都であったウイーンから消えて、次に現れた時は、ミュンヘンでした。

ミュンヘンはドイツ南部の中心都市で、バイエルン（ババリア）州の都です。ヒトラーはドイツ人のふりをして、ミュンヘンに現れた。そしてドイツ軍に入隊した。それは、第1次世界大戦が始まる前の年です（１９１３年）。ヒトラーはドイツ人の中で軍事スパイとして出世した。

すべては大きく仕組まれています。今もロンドンの北方、埼玉県みたいなところにあるタヴィストック研究所《クリニック》は、サイオプ　Psy-Ops　即ちサイコロジカル・オペレーション、心理作戦戦争の総合研究所です。現在は、精神病の研究所《クリニック》のふりをしています。建物の前にフロイトの銅像があります。

ここで第2次大戦中に、英ＭＩ６《エムアイシックス》によってＣＩＡの前身が育てられ、作られました。

ヒトラーとまったく同じように、ゼレンスキーもイギリスに連れていかれて育てられ、洗脳されたはずです。ゼレンスキーのような狂気の指導者を頭に立てることによって、ウクライナ国民の1割、2割を発狂状態に陥れた。この戦略を今回もイギリスは取ったはずだと私は考えます。

孫崎　日本の国民が理解しなければいけないのは、ゼレンスキー大統領の政策は決してウクライナ国民のプラスになっていないということです。戦争継続によってロシアは消耗していく。それはその通りです。

だが、ウクライナは、ロシア以上に消耗している。600万人から1000万人以上のウクライナ人が国外に脱出した。ロシアのGDPは5〜10%減ですが、ウクライナは45%以上の減少が予測されている。戦場では、日に100人以上の死者を出す時もある。

イスラエルの首相がゼレンスキー大統領に、「私がウクライナ人だったら、ロシアの主張をある程度受け入れて停戦する。それがウクライナ国民のためだ」と述べています。こうした発想を日本人はほとんど出来ない。

副島　そうです、停戦(cease fire《シース ファイア》)すべきです。考えてみたら、日露戦争はウクライナ戦争とそっくりです。日露戦争(1904―1905年)とは、何だったのかを私は考えました。

イギリスがまだ世界帝国でした。ところが、イギリスは極東(ファーイースト)まで20万人の軍隊を送る力がありませんでした。だから日本を育てた。ロシアと代理戦争をやらせた。

日本に軍資金だけはつないで（当時の国家予算の5倍かかったらしい）、安い中古のイギリスの戦艦《バトルシップ》をたくさん与えた。イタリアやアルゼンチンからも船を持って来ました。そうして、日本と、ニコライ2世のロシア帝国を戦わせた。

イギリスは、自分たち自身は戦いません。観戦《かんせん》将校という名目で、海軍大佐（エリート）を送り込んで、東郷平八郎《とうごうへいはちろう》と秋山真之《あきやまさねゆき》作戦参謀に、あれこれ下知《げち》（命令）をした。これが真実でしょう。今のゼレンスキーも東郷とまったく同じように、イギリスのSAS《特殊空挺部隊》の国家情報部員の、ジェームズ・ボンドのような男の指図で、毎日、動いているはずです。

このように同じことを毎回、大英帝国はして来ました。このことをアメリカ人はよく知っている。アメリカは、このワルの大英帝国から必死で独立した国ですから。

開戦10カ月で、もうドイツもフランスも戦争を支援する気がなくなっている。アメリカの軍人たちもそうらしい。外国で戦争をしたくない。自分の国を守るためだったら死ぬ気で戦うけど、外国まで行って死ぬ気はない。これが今のアメリカ軍人の気持ちです。

第1次世界大戦、第2次世界大戦で騙《だま》されて、ヨーロッパやアジアでも戦争して嫌な目に遭ったことが、身に染みて分かっている。「アメリカの若者を外国で死なせるな」という強固な考え（思想）をアイソレーショニズムと言います。これを×孤立主義と訳して訳《わけ》が分かっていないのが、日本の土人《どじん》知識人全員です。

アイソレーショニズム isolationism は、正しくは「（アメリカの）国内問題優先《ゆうせん》主義」と訳すべきです。いくら私が、このことを教えてもどうしても分かろうとしません。バカなのかな、この国の知識人層は。

それでも、私にはある種の楽観があります。世界民衆は戦争をする気がありません。だから私は、リアリズム（現実重視主義）を捨てて、日本国憲法の平和主義の「戦争をしない」にしがみつくと決めました。

いくらアメリカのニューディーラーたち、アメリカ左翼の理想主義者たちが作って、押し付けた憲法典だといっても、それでいいんだ。9条では、交戦権すら否定し、戦争そのものを放棄した理想主義の憲法です。これが、安倍勢力（統一教会）が絶対にイヤがる点です。

「戦争ができる正常な国になるために、憲法を改正するのだ」と、安倍系のちょっと頭のいい連中が言います。バカなのです、こいつら。私の周りにも今もたくさんいます。女性には少ない。それでも高市早苗《たかいちさなえ》や櫻井《さくらい》よしこ、三浦瑠麗《みうらるり》のような、規格ハズレの、かつての国防婦人会のような女たちがいます。

今の日本国憲法がイデアロゴスとしても正しい。日本民衆は世界よりも先に平和主義《パシフィズム》（戦争はしない）に到達した。私はこれでいいと腹を決めました。

私は、大きくはちっとも悲観していません。たとえ第3次世界大戦になっても、今の憲法と平和主義を掲げ続ける限り、日本は何も怖いものはない。

AOCとアメリカ左翼勢力の限界

孫崎　日本に平和主義《パシフィズム》を教えてくれたはずのアメリカの左翼勢力の衰退も激しい。たとえば、AOC《エーオーシー》と頭《かしら》文字で呼ばれる、アレクサンドリア・オカシオ＝コルテス（1989年―。33歳）という女性議員がいます。彼女が、今どうしているかを、ピュリッツァー賞をとった記者が追っかけているという記事を読みました。

彼女は、アメリカの民主党下院議員の中で、一番のツイッターのフォロワーを持っています。1000万人以上のフォロアーがいる。

副島　ニューヨーク第14選挙区（ブロンクスとクイーンズ）選出で、プエルトリコ系の移民の代表ですね。

孫崎　はい。左派系ですが、個人的な支持者は、民主党のナンシー・ペロシ下院議長よりも多いのです。これだけの支持者を持っているのは、他にトランプぐらいでしょう。場合によっては、大統領になれるほどのポテンシャルを持っています。

彼女は、「議会での活動には限界がある。有色人種で女性で生き残るのは難しい。左からも右からもすごい圧力があって、これを突破することができない」と言うのです。

副島 私なりに彼女の考えが分かります。本当なら、アメリカ・リベラル勢力の中心となって、労働者と貧しい人々の代表である民主党がもっと健全であるべきなのです。ところが、今のアメリカ民主党は、LGBTQ《キュー》の偏屈思想に溺《おぼ》れて、どんどんおかしくなって暴走する過激主義になってしまった。それでディープステイトの奴隷になってしまった。

彼女は、ニューヨーク州の上院議員《セネタ》を狙《ねら》うという話があります。今のニューヨーク州選出の上院議員は、1人はヒラリーの後継者で、子分です。この女が能力も人気も全くない。これを蹴倒《けたお》して、AOCがニューヨーク州選出の上院議員になればいいのですが。

孫崎 そこにもつながってきますが、彼女は、「私はオバマとは違う。私は金融機関を相手に闘っている。オバマは金融機関と連携して出てきた。金融機関を敵にする私に、政治的な未来があるだろうか。たぶん、ないだろう」と彼女は言っているのです。

副島 まあ、ないでしょうね（笑）。金融業界と軍需産業を敵に回したら、議員としては生き残れない。しかし、ＡＯＣぐらいの人気のある女政治家で、まだ33歳の若さだ。米民主党を健全な政党に戻す動きが出てくれば、彼女に大きなチャンスがある。

孫崎　アメリカを変えるときには、議会が大きな役割を持つ。けれども、議会が動くのは一番最後だ。だから議員をやめて、市民運動とか、そのような方に行くべきではないか。体制内部から変えるのは無理だ、という思いを、彼女は今、持ち始めているようです。

副島　そうでしょうね。ＡＯＣは、デモクラット左派で左翼で、貧乏人の味方です。貧乏人の味方こそは、米民主党の本流です。

孫崎　そういうことです。

副島　本流なのに、ディープステイトのおかしな奴《やつ》らが民主党の上を握っている。軍産複合体と大企業と金融業は、ニューヨークが中心ですから、そこで歴史的に民主党を握って来た。１９２０年代からアメリカが帝国化し、グローバリスト（地球支配《しはい》主義者）になった。そのおこぼれで、アメリカ民衆も生きられるようになった。

だからＡＯＣたちには、闘う場所がない。だからといって、トランプ派の方に行くわけにはいかない。共和党の中心勢力は田舎《カントリー》の保守層で、商人たちや小金持《こがねも》ち、そして農場経営者《ファーマー》たちの団体です。彼らが、共和党の本当の支持基盤です。

トランプはニューヨーカーです。クイーン区《ボーロウ》という、日本で言えば江東区や足立区の

アメリカ民主党の左翼でAOC《アレクサンドリア・オカシオ＝コルテス》もディープステイトには逆らえない

ニューヨーク州選出のアレクサンドリア・オカシオ＝コルテス下院議員

米民主党左派のAOC(33歳)は、民主党を本来の労働者と移民と貧困層の党に戻したい。

写真：AP／アフロ

ようなところから出て来た人です。親父《おやじ》は、都営住宅のような公共住宅を作って来ました。土建屋さんの息子です。

トランプは、40歳くらいまで民主党員《デモクラット》でした。そのあと態度を変えて、デベロッパー（都市再開発業者）の大物になった。トランプは、「アボーション（人工妊娠中絶）を支持する女たちの気持ちは分かる」という言い方をします。「俺はニューヨーカーなんだぞ。昔はデモクラットだ」と。この態度の取り方と幅の広さが、トランプの強さです。

孫崎　私はトランプの方が日本の国益にかなっていると思っています。まず、彼はアメリカ軍基地はいらないと言っている。日本は、「はい。どうぞ撤退してください」と言えばいい。

安保条約があるからといって、アメリカは日本のために闘うという約束をしていない。トランプはアメリカ国内の企業を立て直すと言っている。どうぞ。どうぞ。やってください。TPPのように海外資産を取ることを最優先してはいない。

国家分裂するアメリカとウクライナ

副島　鳩山由紀夫さんと孫崎さんが、「米軍はどうぞ、どうぞ（自由に）お帰り下さい」と言うので、右翼（対米追随派）が怒り狂いますよね。この闘いがすばらしい。ですから、アメリカを変えるのは、ＡＯＣでは無理ですね。政治家としては、真ん中にいるので、すり潰《つぶ》されていきます。だけど、貧困層の白人も含めたアメリカ国民の多数派を、今も民主党は持っている。

民主党の強固な支持層で不思議な人たちがいる。同性愛やトランスジェンダーの連中、ＬＧＢＴ（レズビアン・ゲイ・バイセクシュアル・トランスジェンダー）の４種類と、さらには、よく分からないＱ《キュー》（クエスチョニング、クイーア）の人たちです。

さらには、最近は、Ｕ《ユー》＋（プラス）も加わりました。Ｕは、「アンデサイデッド（決定不能）」です。彼らは人類がより進化した形で、最先端だと自分たちでは思っています。私、副島隆彦も元々左翼で過激派ですから、反《はん》体制、反《はん》権力として、ずっと、このＬＧＢＴＱＵ＋を応援しなくてはいけないと思っていました。

ところが、あまりにも気持ちが悪い。私は、思想転向《てんこう》（コンヴァージョン）して、彼らから離れました。どっちが正義《ジャスティス》か分からなくなる分水嶺《ぶんすいれい》に到達しました。そして私は、この場面では、自分の精神の正常さを保《たも》つために、彼らを嫌うことにしました。ああいうおかしな人たちがたくさんいます。日本にも出て来ています。

トランスジェンダーというのは、「私は女よ」と決断して言い出した男たちのことで、簡単に言えば、オカマのことです。こんなにアケスケに言っていいのか分かりませんが。

私は、2019年に、アメリカは近い将来、3つに分裂すると予言しました。それを『国家分裂《デヴァイデッド》するアメリカ政治　七顚八倒《しちてんばっとう》』（秀和システム）に書きました。

やがてアメリカは、テキサスを中心としたアメリカ・セントラル（アメリカ中央国）と、ニューヨーク、ワシントン、五大湖あたりを含めた、ヨーロッパ寄りの東部国（イースタン）、それとカリフォルニアを中心とした西部国（ウエスタン）の3つに分裂するでしょう。トランプが、このテキサス中心の中央国に移動して、初代大統領になるでしょう。そして、「まともな人間は中央国に来い」と言います。このとき、アメリカで民族大移動が起きると思います。軍隊と核兵器も3つで分け合うでしょう。

このとき、アメリカ合衆国は消滅して、世界覇権（ワールド・ヘジェモニー）を失います。私はこれでいいと思っています。どう考えても、アメリカの近《きん》未来は国家分裂しかない。これは南北戦争の再来です。

孫崎　昔のことだと思っているかもしれないけども、アメリカ人の中で南北戦争はまだ生きているんだと。

副島　そうですね。アメリカ人はそう思っています。第2次南北戦争「ザ・セカンド・シビルウォー」The Second Civil War が起きるでしょう。これしか収まりがつかない。

孫崎 アメリカの分裂はどんどん進んでいます。経済的対立、人種的対立、政党間の対立。宥和《ゆうわ》の方向でなく、分裂の方向に進んでいる。この意識が国際政治にも表われている。

この分裂を回避するのに地理的に分裂することによって回避できるのか。どうも、それでも回避出来るとは思えない。またアメリカは、世界でもまれな個人が銃を持つことを許す国です。危険な国内状況になると思います。

副島 そうですね。テキサス州では、許可なしでピストルの携行ができるようになりました。

ところでプーチン大統領が、2022年9月30日に、ウクライナ東部のドネツク州、ルガンスク州、南部のヘルソン州とザポロジア州の4州の併合宣言を出しました。

ウクライナは、宗教・言語・文化の違いから、ロシアの影響が強い東部のノヴォロシア（新ロシア）と、キエフを中心とした中部、西部（ガリチア地方）の2つに分裂しました。

私が、プーチンは天才的な政治家だと思ったことのひとつに、「ウクライナがNATOに入ることは絶対許さない。だが、EUには入ってもいい」と言った時です。

ウクライナ人で、ロシア人にはもう戻りたくない、という人たちの存在をプーチンであっても否定することはできない。それなら勝手にどうぞ、ということになります。ロシアは、そんな連中の面倒は見ない、ということです。

ロシア（モスクワ政府）の言うことを聞きたくない人たちは、ポーランドと合体してもいいから、西の方に行ってくれ。彼らは、東方洗礼派というローマ・カトリック教徒だそうです。だから、ロシア正教徒とはどうしても話が合わない。

それに対して、ロシア人と同じルーシー Rusi だという人々には、東部ウクライナの共和国としてロシアが食べさせてあげる。プーチンはそこまで割り切った。

だから、中部と西部のウクライナ人をＥＵに押し付けた。ＥＵに食べさせてもらえ。これは極めて大人の態度です。戦争が終わった後にも、誰がそこの人々を食べさせるのか、の問題が続きます。

同じことが、インドが独立したあとに起きました。イスラム教徒のインド人は、パキスタン側にぞろぞろと３００万人ぐらい移動したようです。反対にヒンドゥ教徒（インド教徒）はインド側に移動してきた。

台湾の場合も、人口２３００万人のうちの１００万人ぐらいが、中国本土の福建《ふっけん》省や浙《せっ》江《こう》省で企業を経営している。だから、どうせ台湾は中国の一部として台湾省《しょう》になっていきます。

そのとき、どうしても中国共産党の支配下に入りたくない、という人々が２００万人くらい出てくるでしょう。この反共《はんきょう》の人々はアメリカのカリフォルニアに移住していくでしょう。私はこのように冷酷に考えています。

台湾問題では、アメリカは、どうしても台湾で戦争を起こさせたい。つまり中国を騙《だま》して攻め込ませたい。中国に手を出させたいと。しかし、今の中国は、バカではないので、その手には乗らないでしょう。

孫崎 そういうことです。

副島 プーチンをまんまと騙して、ウクライナ侵攻《インヴェイジョン》という形にして、先に手を出させた。これは、かつて日本を騙して真珠湾攻撃をやらせたのと同じです。

このことを日本国民に歴史の知識として、この真実を今からでも教えるのが私の任務だと思っています。

孫崎 最初の一発をいかに撃たせるかですね。だからプーチンに最初の一発を撃たせた。同じことが、台湾でも起きるかもしれません。

副島 「先に手を出した方がワルい」という手口で相手を騙すのが、アメリカ帝国の常套《じょうとう》手段です。今の中国共産党の上の連中は、相当に頭がいい。彼らは歴史からよく学んでいるから騙されないですよ。

アメリカの戦費の半分は日本が拠出した

孫崎　今、中国が伸びて来ているのは、政治であれ企業であれ、それぞれの分野で一番優秀だとみられる人たちを登用しているからです。

副島　そうですね。中国は有能な人材を上にどんどん引き上げている。きちんと人材登用ができているということは、すごいことです。

ところが、日本の場合、それとは逆で、上にバカがそろっている。下に行けば行くほど立派な人たちがいる。旧日本軍で下士官や軍曹クラスに凄《すご》いのがいっぱいいた。上に行けば行くほどバカだ（笑）。

孫崎　本当にそうです。私の知り合いに、たいへん知的水準が高い中国人の通訳の女性がいます。彼女は日本人と結婚したから、日本が好きなのですね。だけど、一番悲しい時は、日本人の通訳をする時だ、と言うのです。

中国は、経済関係であれ、外交関係であれ、上に行けば行くほどＩＱが高くなる。日本は上に行けば行くほど低くなる、と言います。これが実態です。

バカが一番上に行くと、パカの人に迎合する人たちが集まって来る。だから、もう元に戻らない。国の一番の頂点は首相なわけですけど、政治家のトップで、これだけバカが続く国は日本ぐらいのものでしょう（笑）。

副島 本当ですねえ。私も長いこと生きていますが、情けなくなります。こんな連中が、一国の指導者だと思うと。安倍晋三は、字もまともに書けなかった。書く漢字が壊れていた。麻生太郎《あそうたろう》は劇画『ゴルゴ13《サーティーン》』しか読まなかった。

ですが、このことでも一番悪いのは、アメリカだ。アメリカがそういうふうに日本で仕組んだ。日本は優秀な人間が上に行けないような仕組みにされてしまった。

生来、優秀な人たちが政治家を志すべきなのです。みんなのために、ポリス（都市国家）のために命を懸《か》けるという人たちが、上に行くことが政治（ポリティックス）の本来の有るべき形です。ソクラテスも、プラトンも、このことを書いている。

ところが、今の日本はそうなっていない。これが日本国の悲劇です。このことも、私の理論である**「帝国―属国理論」**で説明が付きます。

孫崎 私は公務員でしたから、公務員の雰囲気は知っています。通産省に出向した時に通産省の幹部はこう言っていました。

「日本社会は3つに分類される。1、名誉を求める人。2、実利、金とか財を求める人。3、社会を動かす人。我々は国益を追求し、社会を動かす部類だ。日本社会は、このとき、

1・5以上を取ろうとすると許さない。1の中に留まっていれば許す」
ところが、安倍首相は3つ全部取ろうとした。力の強い者は何でも出来るのだと。私は、それぞれの分野の人間が1・5以内に押さえるという本来の社会に戻ってほしいです。

副島　安倍が死んだ（7月8日）あと、すぐに岸田がテレビで国民の前に出てきて、鼻水を垂《た》らしながら、お悔やみの言葉を言いました。

本当は死ぬほど嬉しかったくせに。なぜなら、岸田は、ずっと安倍にいじめられ続けて、我慢に我慢で生きてきた政治家だ。人とケンカが出来ない、お坊ちゃま育ちです。

7月14日の安倍家の葬儀には、トニー・ブリンケン米国務長官が来ました。本当は、お金を取りに来たのです。同じく、財務長官であるジャネット・イエレンまで来ました。この2人は、別に安倍家にお悔やみを言いに来たのではない。日本が、ウクライナ戦争で払うべき分担金を取りに来た。

ウクライナ戦争で、アメリカが使ったお金の半分は、日本が出したでしょう。アメリカは、ウクライナにタダで提供した「M《エム》－777《トリプルセブン》」155ミリ榴弾砲《りゅうだんほう》、高機動ロケット砲システム（HIMARS《ハイマース》）や、対戦車ミサイル「ジャベリン」などの兵器のお金を、ロッキード・マーチンやダグラス・グラマン、レイセオン、ボーイングなどの軍事会社に払わなくてはいけない。それは全部で12兆円（800億ドル）ぐらいです。

「約束どおり、安倍をちゃんと処分してやったからな」とブリンケンは岸田に言ったでしょう。おそらくそのうちの３００億ドル（４兆円）を日本が払ったでしょう。岸田がイヤそうな顔をしたのが、テレビに映りました。

しかし、これは世界政治の裏に隠れているお金ですから、絶対に表には出ないお金です。紙きれである米国債を担保として、日本側が受け取って裏帳簿の帳尻だけを合わせます。その度《たび》に、日本の円をドルに換えて持ち出している。

そのときの対《たい》アメリカお金出し係は、日本財務省の、事務次官に次ぐ№２の財務官がやります。黒田東彦《くろだはるひこ》日銀総裁もかつて財務官をやっていました。

これまでにアメリカに裏金で渡した日本のお金の残高は、おそらく１８００兆円（15兆ドル）ぐらいになっていると思います。この40年間にです。

私は、このことを平気で自分の本に書いてきました。誰にも本気にされません。このことは、話してはいけないことになっています。日本の財務省のトップ10人ぐらいしか知らないでしょう。政権《せいけん》政治家たちにも教えない。

アメリカ支配から脱すると世界は安定する

孫崎　今、起きていることは、アメリカ社会のものすごい混乱がアメリカ自体を弱くしていることです。そして中国はなんだかんだ言っても、いい方向の政策をやっていると思います。

世界保健機関（WHO）の発表によると、2016年に、中国が平均寿命でアメリカを抜いたそうです。中国が78・7歳に対して、アメリカは78・5歳でした。ちなみに日本は世界最長の84・2歳です。

アメリカは、2014年に、79歳でピークを迎え、それ以降は徐々に下がっています。これだけ見ても中国のほうに延びる力があります。

副島　何と、ロシアの場合、プーチンがロシア国民の寿命を長くしました。昔はウオツカを飲んだくれて、50代で死んでいたロシアの男たちの寿命が、68歳まで延びました。

プーチンが権力を握ったこの22年間（ちょうど2000年から）で、ロシアの社会福祉が大きく前進したことを示しています。2019年で、ロシア国民の寿命は71・3歳まで延びました（WHO調べ）。プーチンの大業績です。しかし、ロシアの人口は1億5000万人を割って減っている。ロシア帝国は厳しい。

日本の人口は1億2600万人と、この30年間まったく変わりません。どうも怪しい。この数字自体がおかしい。日本もかなり人口が減っているはずなのです。

私は、慎重に未来予測するために、ここで、中国とロシアが将来ぶつかるかを、冷静に考えなくてはいけません。ものごとのいい面ばかりを見てはいけないからです。

中国とロシアが対立することは、今のところないだろう、と私は楽観しています。なぜなら、今の世界覇権国（ヘジェモニック・ステイト）であるアメリカ帝国を打倒して、弱体化させるまでは、団結する。プーチンと習近平は、そういう目配せをし合っていると思います。このことは決して言葉には出さないけれども。

新興大国の指導者たちである、インドのモディ首相も、ブラジルのボルソナーロ大統領も、サウジアラビアのサルマーン国王も、お互いうんうんと、うなずき合っています。

孫崎　ロシア人というのは、彼らの意識ではアジア人ではない。ヨーロッパの人たちは、ロシア人をアジア人だと言います。だけどロシア人当人は、自分たちは、やはりヨーロッパの中の一員だと考えているのではないですか。

副島　うーん。どうも最近、少し態度が変わって、プーチンは、「私たちはユーラシアンだ」と公言するようになりました。アジア人（モンゴル人、タタール人）が入った白人だと、はっきり認めたようです。ですから、ロシア人は、自分たちはもうヨーロッパ白人とは違う、と決断したようです。これをネオ・ユーラシアニズムと言います。

ロシアは広大でシベリアまで入っています。今度のウクライナ戦争で一番死んだのは、シベリアと中央アジアから招集された貧しい若者たちでした。形式上は、徴兵制《ドラフト》ではなくて、1年期限の志願兵ということになっています。実際は、新兵制度（リクルート）で招集された若者たちだ。

ですから、プーチンたちは、ネオ・ユーラシアニズム Neo Eurasianismus の思想で、欧米白人が中心である思想から脱出した。そして中国と共に、この何年か以内に、世界の中心をユーラシア大陸に移動させる計画を実行させつつある。この考えは、私の希望、願望、主張、夢でもありますが。

今、100年単位での世界覇権《ヘジェモニー》が、アメリカから中国へ移る段階にあると思います。その前の100年は、イギリス帝国で、その前の100年は、スペイン帝国でした。

孫崎　本来、アメリカは、中国をどうするかに全力を注がなくてはいけない。ロシアなんかを相手にする時ではないと、私は思っています。

副島　そうなんですよ。アメリカは、2正面作戦（ヤヌスプロジェクト。ヤヌスとは、ギリシア神話の双面神《そうめんしん》のこと）をする余裕はない。中国を主敵にするはずだった。

どうもヨーロッパに引きずられて、ロシアとの戦いが深刻になってしまった。甘い考えでロシアのプーチン体制を罠《わな》に嵌《は》めて、簡単に壊せる、と思ったようです。この作戦に英米は失敗してしまった。この見方が、一番大きな所からの世界了解だと思います。

プーチンは大天才です。普通の独裁者だったら、ウクライナでの緒戦の大失敗で、政権が2022年6月までに崩壊していたでしょう。

しかし、プーチンは、ここですさまじい能力を示して、防御と反撃の態勢に出た。プーチンの後釜になるロシアの指導者は、どうしてもあまり優秀ではないでしょう。プーチンほどの哲人王（フィロソフィー・キング）は簡単には出て来ません。

ということは、ロシアは中国に遠慮するはずです。中国のほうが、今は頭がいいですから。中国とは争わないという方針をロシアはとるでしょう。ユーラシア大陸同盟で、ロシアと中国、インド、中央アジア5カ国、サウジアラビア、トルコ、イランが組めば、世界は安定します。

孫崎　要するにアメリカの一極支配はもうないということですね。アメリカの一極支配が終わった後、世界がどのような形になるのかは分からない。だけど、その過渡期にあると、私も思っています。

自家撞着に陥るEUの危機

副島　ウクライナ戦争で、ドイツとフランスは、自分はなにもやる気がないくせに、ロシアに対して激しい反発を示していますね。

孫崎　ドイツとフランス的なヨーロッパにとって、ウクライナをEU（欧州連合）に入れるのは、バカげたことです。

EUは平等の思想で、豊かな国から貧しい国へ経済的な富を転化していきます。日本で言えば、かつては豊かではなかった東北などの地方も、東京と同じような高い生活水準を保つことが求められます。これにみんなが合意するわけです。

ヨーロッパを考えてみると、豊かなドイツやフランスにとって、スペイン、ポルトガルだったらしょうがない。イタリアもルーツが同じだから助けてもいい。しかし、東方圏は違います。東方諸国を入れなければ、ヨーロッパが成立しないわけではありません。

ウクライナやルーマニア、ブルガリアまでもEUに入れても、パリやベルリンの繁栄にどこまで貢献するのか分からない。ウクライナがEUに入ると、EUの負担がますます増えます。

副島 そうなんですよ。そんなに貧乏国の面倒を見られるわけがない。だからイギリスは、先にさっさとEUから出ました（2020年2月）。イギリスは、本当に質《たち》が悪いですからね。

孫崎 プーチンからすると、どうぞどうぞ、ということでしょう。EUはウクライナを押し付けられて、経済的にどんどん苦しくなります。

副島 そうですね。今、オランダの農業がボロボロになっているようです。補助金《サブシディ》ばっかりで農業まで支えようとしている。

ヨーロッパ・キリスト教国（クリステンダム Christendom）であるEU白人帝国は、中央銀行を1つにして、ここに通貨発行権を独占させ、加盟国に補助金を配るというシステムです。これがどれぐらい悪い制度か。何でもかんでも補助金を配るのは、最低の政治です。

孫崎 旧ヨーロッパだけでその政策をしていれば、まだ良かったのに。ものすごい負担になっています。ウクライナを入れたり、ルーマニアを入れたりすると、EUにとって決してプラスにはならないでしょうね。

副島 本当にねえ。東ヨーロッパは、スラブ人たちの世界です。スラブ人問題はヨーロッパ全体の被差別民問題だ。

とりわけルーマニア、ポーランド、バルト三国（エストニア・ラトビア・リトアニア）は、反ロシア感情が強い。指導者たちがどうしようもない連中だ。フィンランドとスウェーデンまでＮＡＴＯに入れようとしています。

今のフィンランドの37歳の女性首相のサンナ・マリンもそうです。国民がもう嫌っている。あんな美人女が出てきて、国を煽動《せんどう》している。フィンランド人は元は白人ではありません。もともとフン族でフンランドですから、アジア人に近い顔をした人が多い。ハンガリーもフンガリーですから、フンヌ（匈奴《きょうど》）が移動していった国です。

孫崎　早々に辞任しましたが、イギリスのリズ・トラス前首相もひどかったですね。２０２２年９月にボリス・ジョンソンの後を継いだ与党、保守党の党首でした。

もともとは社会主義者だったのですが、保守党のほうにすり寄った女性です。ＥＵに残るべきと主張したのですが、いつの間にか、ＥＵ離脱派になりました。彼女には思想の軸がない。風の向きしだいでそっちに付いていく人が首相になった。

日本における安倍派と同じですね。ボリス・ジョンソンは辞任したけれども、党内で力を持っている。それで彼女は首相になったけれども、イギリス国民が目指すものとはまったく違いました。

日本は島国に立てこもって生き延びればいい

副島　私はいろいろ研究した末に、イギリスが大嫌いです。ローマ・カトリックと共に人類の諸悪の根源だと分かりました。後でもお話ししますが、ゼレンスキーのすぐ横に70人ぐらいのイギリスのインテリジェンスの特殊部隊ＳＡＳ《エスエイエス》がいる。彼らがゼレンスキーを動かして、毎日、指令を出している。

イギリスは、「人口６８００万人の貧乏国」と呼ばれている。昔の大英帝国とは違います。実際の軍事力をあまり持ってない。しかし、特殊部隊とインテリジェンスの力だけはものすごい。最後のイギリスの力は、インテリジェンスだけです。孫崎先生は、そこで学んで来た。

今回のウクライナ戦争は、イギリスが仕組みました。プーチンを騙して戦争を始めさせてボロボロにしてやると。だから、イギリスがアメリカよりも悪い。

今、孫崎先生が言われた、先に一時期首相になったトラスが、社会主義者だったことに大きな秘密があります。イギリス社会主義者（イングリッシュ・ソウシャリスト）は、マルクス派の社会主義者とは違います。フェビアン協会（Fabian Society フェビアン・ソサエティ）

系です。

フェビアン協会が、今のヨーロッパの左翼知識人の牙城《がじょう》であるLSE《エルエスイー》大学（ロンドン・スクール・オブ・エコノミクス）を作りました。経済学者のトマ（ス）・ピケティ（1971年―）や歴史学者のユヴァル・ハラリ（1976年―）など、ヨーロッパ左翼でいちばん頭のいい者は、みんなLSE出身です。

〝世界皇帝〟だったデイヴィッド・ロックフェラー（1915―2017年）も、LSEに習いに行っています。ここでフリードリッヒ・ハイエクが戦前、教えていました。

彼らの中心思想は何だろうと、私は真剣に考えました。そうしたら、優生学（ユージェニックス）でした。優秀な遺伝子を残せ、という思想です。逆に、劣勢遺伝子を持っている人たちを滅ぼせ、という思想です。この優生学（eugenics《ユージェニックス》）は、大変危険な学問《サイエンス》ですが、私も簡単には否定できない。

優生学の思想は、マルサスの『人口論』（1798年刊）」から始まった。「増えすぎたアイルランドの子供たちを煮て食べるしかない」とまでマルサスは書きました。これがダーウィンの『種の起源』（1859年刊）に影響を与えた。ハーバート・スペンサーたちの、社会ダーウィン主義（ソウシアル・ダーウィニズム）の思想運動になった。ここで弱肉強食と適者生存の残酷な思想となった。

これが、ジョージ・オーウェルの『動物農場』（１９４５年刊）と『１９８４』（１９４９年刊）にまでつながります。オーウェルは、『１９８４』で世界が３つの帝国（文明圏）として対立し合うと描いた。まさに現在の世界が、ユーラシアとオセアニア（ここにアメリカが入る）とヨーロッパ圏のような地域（リージョン）が描かれている。優生学思想の恐ろしさを軽く見てはいけないと思います。

この思想は、世界の人口を半分に減らせという、ディープステイトの思想でもあります。この思想は、大英帝国が世界を支配したときに、それを補完した労働者階級の思想にまでもなりました。

優生学は大変な学問です。学問（サイエンス）のくせに、どこの大学にも公然とは無いのですが、有る。お化けみたいに恐ろしい思想です。私は現在、この優生学について考え込んでいます。

それに対して、マルクスの社会主義は労働者だけに注目して、ほかの階級の人々を無視した。労働者よりも下の人たちを見ないで、関わらなかった。最底辺層を無視した。だからこのことが幸いして世界の大思想として生き残りました。

ところが、革命に勝利して政治権力を握った、レーニンとスターリンや毛沢東は、放っておけばよかったのに、農民や貧困層をなんとかすると言い出した。だからいけなかった。

農業の集団化（ソホーズと人民公社）をやって、大失敗して多くの農民を餓死させました。イギリス社会主義《ソウシャリズム》も、貧困層をどうするかという問題で、発狂状態に入りました。今のディープステイトも同じなのです。

それに対して、ガンジーやトルストイ、マルクスなど世界の大思想がまだ生き残っている理由は、穏やかだからです。発狂しない。思想は、発狂したら、あとが大変です。あまり無理なこと（理想主義）を唱えず、現実と妥協して、穏やかな成長を目指す、という思想が一番いいと、私は思っています。

孫崎　重要なことは、欧米を中心とするＧ７の時代は終わったということです。これに代わって出てくる中国、インド、ロシア、インドネシア、ブラジルなどの国々が、どのような理念を持ち、これが世界にどのような影響を与えるかは分かりません。

しかし、Ｇ７が世界を支配する時代は終わるのです。このことは、西欧的な理念が世界を支配する時代も終わるだろうということです。

副島　まったく同感です。今のＧ７（欧米先進国）を動かしているのは、秘密結社（ディープステイト、カバール）である。秘密結社《ザ・ソサエティ》についての私の結論は、フリーメーソンは元々は立派な人たちだった、というものです。フリーメーソンは都市の商工業者たちが始めました。優れた職人や技術者や芸術家たちが集まった。彼らは、王様や貴族や僧侶《そうりょ》が大嫌いでした。天才音楽家のモーツァルトたちが代表です。彼らが、アメリカ独立やフランス革命を実行した。

ところが、1901年、イギリスのヴィクトリア女王と、日本では福沢諭吉が死にました。それまで、慶應大学や交詢社《こうじゅんしゃ》に結集していた日本のフリーメーソンも立派な人たちでした。優秀な能力の芸術家、技術者、経営者たちだけの集まりだった。それが、ドイツのフリードリヒ2世大王のような王侯貴族とローマ教会によって、乗っ取られていきました。

フリーメーソンは、王侯貴族と宗教家が無能なのに威張っていることへの反発として生まれた組織です。それが乗っ取られて、悪の組織になってしまった。こう考えないと理屈に合いません。

そして、乗っ取られた後は、世界を支配する特権階級の、上の方に隠れた人々の組織になりました。彼らは各国の政治家たちのようには表面に出て来ません。これが、今のディープステイトです。それでも欧米白人だけの組織ですね。

もうロシアと中国は彼らの言うことを聞かない。インドもサウジアラビアもブラジルも聞かない。私は、このように明るく世界を見ています。

これからの世界は〝エマージングG8《ジーエイト》〟という、新興〝貧乏〟資源大国であるG8体制が主導する世界体制になるでしょう。この新G8に2カ国を加えた新G10は、①中国、②ロシア、③インド、④ブラジル、⑤トルコ、⑥メキシコ、⑦イラン、⑧インドネシア、⑨南アフリカ、⑩サウジアラビア、です。

孫崎　間違いなくそこに来ています。それがどのような形をとるか。ウクライナ問題で目に見えて来ました。新興大国《エマージング》G8が、アメリカと対峙《たいじ》しても潰《つぶ》されないところまで来た。世界は大きく変わっていくのです。

世界の中で、日本ぐらいこの変わり目に気づいていない国はありませんね。

副島　ほんとですね。情けなくなりますね。でも大丈夫。私と孫崎先生がいますから。そして日本民族の直感なるものがあって、大損しないように動きます。大きな、帝国と帝国の間で健気《けなげ》に生き延びるのが、日本です。宮崎駿《みやざきはやお》が描いた『風の谷のナウシカ』です。薄い放射能の霧の中で元気よく生き延びる民族だ。

私はわりと楽観しています、日本はこの島国に立てこもっていれば大丈夫だと、腹の奥《おく》底《そこ》で日本人は皆、思っています。たとえ、核戦争の時代になっても。

第2章

ウクライナ戦争の真実

なぜプーチンは嵌められたのか

「ブチャの虐殺」は捏造だった

副島　ウクライナ戦争が始まって（2022年2月24日）1カ月後のことでした。3月26日、ロシア軍は北部の大きな都市ハリコフ（ハリキウ）周辺から撤退を始めました。首都キエフ（キーウ）周辺からも一気に撤退しました。そして東部と南部に戦線を集中した。

首都攻略はできませんでした。英米の大きな策に嵌《はま》ったと気づいたプーチンが必死で挽《ばん》回策《かいさく》を実行した。3月26日から28日までに撤退した。撤退戦では、最後尾の尻払《しりはら》い（殿軍《でんぐん》）の連中がやられます。敵が追っかけてきますからね。

このとき、ハリコフの北で捕まった若い20歳ぐらいのロシア兵の捕虜たち30人ぐらいが、床に転がったまま、次々に射殺される残虐《ざんぎゃく》極まりない映像が、ウクライナ軍の自慢話としてネットに流れた。なんと、ニューヨークのCNNが流した。

これとは別のキーウ郊外の町ブチャで、ロシア軍により400人以上の住民が殺されたという、いわゆる「ブチャの虐殺《ぎゃくさつ》」が持ち上がった。4月2日のことです。民間人とみられる死体が多数「発見」されました。

ゼレンスキー大統領が「これはロシア軍のジェノサイド、大量虐殺だ」と糾弾しました。当然、ロシア側は関与を否定しました。

示し合わせたように、アメリカのジョー・バイデン大統領とイギリスのボリス・ジョンソン首相（当時）が騒ぎ出した。翌々日の4日に、ゼレンスキーは200人の外国のプレスを引き連れて、ブチャに住民の死体を見に行くわけです。この中には、日本人の記者たちも入っていました。

このとき、ロシア兵に虐殺されたとされる住民の遺体はまだ臭《くさ》くなかった。ロシア軍は3月28日までに、この地域から完全撤退したのですから、ロシア兵がやったならば死体は臭いはずです。

では、誰が、いつ住民殺しをやったのか。実際に住民を殺したのは、ゼレンスキーの横にいつもいる黒い服を着た国家親衛隊（＝ネオナチ＝アゾフ連隊）の恐ろしい連中です。騒ぎ出す前日の4月1日に、ブチャの町に行って住民を次々と撃ち殺してまわった。

その証拠が出たのは、4月26日です。現地の被害者たちの死体を解剖したフランスの国家憲兵隊の法医学者《フォレンシック》（検視官でもある）たちによる死体解剖、検視の結果が発表された。ブチャの住民たちの死体からは、ウクライナ軍しか使わない、金属ダーツ弾が見つかった。

これはイギリス陸軍の特殊空挺《くうてい》部隊SAS《エスエイエス》の命令による実行でしょう。プーチンを戦争犯罪人（ウオー・クリミナル）に仕立てるために、「ちょっと住民を殺して来い」とゼレンスキーに命じたのです。

真実は、イギリス政府とアメリカ政府がやらせた。だから彼らを人類が処罰しないといけない段階に入った、と私は判断しました。許しがたいやつらです。このあとも、ブチャの虐殺（捏造）で、たとえばTBSの報道幹部の金平茂紀《かねひらしげのり》が騒ぎ続けた。放置されていたロシア兵たちの死体とまぜこぜにして、真実をねじ曲げました。

孫崎　私は戦争時の現地報告に疑問を持っています。外国の報道機関が現地に取材する際には、誰かに連れられて現場にいくのです。第2次大戦前や戦争中、従軍記者が報道しましたが、これは軍の筋書きに従っての報道です。

TBSの現場取材も、誰がシナリオを書いているかを考えてみたらいいと思います。

副島　もう1人のワルは、カリム・カーン Karim Khan（1970年―）というパキスタン系イギリス人です。オランダのハーグにある国際刑事裁判所（ICC）の主任検察官で、恐ろしい顔をした凶悪な人物です。カーンは、早くも3月15日にキエフに入り、「プーチンを戦争犯罪人として裁判にかける」と言い始めていた。

ゼレンスキーは、自分たちがやった一般住民への集団虐殺を、捏造のジェノサイド（集団殺害事件）として仕組みました。実際にやらせたのは、イギリスとアメリカの国家情報機関です。ゼレンスキーやカリム・カーンを手駒《てごま》にして操っている。

しかし、ロシアを戦争犯罪国家に仕立てあげようとした事件の真実は、バレてしまいました。前述したフランス憲兵隊の法医学者《フォレンシック》たちの検視報告書が、国際刑事裁判所に提出されたからです。ただし、この報道は、西側メディアではなされません。日本国内でも皆無です。私だけは写真付きで自分の本に書きました。

孫崎　今、国際刑事裁判所が公平であるように報じられています。偏《かたよ》った構図です。アメリカは、議会で、もしアメリカ人がハーグで死刑になれば、軍事力を使って救い出すと決定しています。

ＮＡＴＯの東方拡大がすべての原因

孫崎　プーチン大統領は、ウクライナへの侵攻前、さまざまな機会に「これまで自分たちは西側に何度も騙《だま》されてきた」と何度も語っています。なぜプーチンはウクライナへの侵攻を決断したのでしょうか。

ウクライナ問題は、歴史的な事実をしっかり積み上げて考えなくてはいけません。まず出発点は、1989年11月のベルリンの壁の崩壊、1990年10月の東西ドイツの統一です。ドイツの統一前、ソ連（当時）は、全面的にドイツの統一を支持していません。

かつて第2次世界大戦で、ナチス・ドイツ軍がソ連に攻めて来た（レニングラード包囲戦、スターリングラードの戦いなど）わけだから、ソ連は基本的にはドイツの一体化を歓迎していません。再統一されたドイツが、ふたたびソ連に脅威を与えることを恐れたからです。

そのソ連の不安を和らげるために、アメリカ（ジョージ・H・W・ブッシュ大統領）、西ドイツ（ヘルムート・コール首相）、フランス（フランソワ・ミッテラン大統領）、イギリス（マーガレット・サッチャー首相）などが、「NATO（北大西洋条約機構）は東方に加盟国を拡大しない」と、ソ連（ミハイル・ゴルバチョフ大統領）に約束しました。

当時、ジェイムズ・ベーカー米国務長官が、ゴルバチョフ大統領に、「NATO軍の管轄はドイツに留《とど》まり、1ミリたりとも東方には拡大しない」（1990年2月9日）と語っています。

統一したドイツをNATOの枠組みに入れ、「NATOはドイツまでで東方拡大しない」というのは、冷戦後のヨーロッパの安全保障の基本でした。

プーチン大統領は、２０２１年12月、アメリカや同盟諸国に、再びヨーロッパの安全保障の原則と、ＮＡＴＯの不拡大について合意を成立させようと試みた、と語っています。その結果、「すべては無駄だった」「アメリカに騙された」というのがプーチン大統領の言い分です。

ＮＡＴＯのウクライナへの拡大は、ウクライナが軍事的にアメリカの支配下に入ることを意味します。「ＮＡＴＯが約束を守っていない」というウクライナ問題の本質において、プーチン大統領のほうが正しい。

副島　全くその通りです。ＮＡＴＯ《ネイトー》は、冷戦が始まった１９４９年に設立されたヨーロッパの集団安全保障による軍事同盟です。加盟国の１国が攻撃を受けた時は、加盟しているすべての国への攻撃とみなされ、互いに防衛することになっています（第５条）。

設立当初は、アメリカ、イギリスをはじめ12カ国だったのですが、現在、ヨーロッパ（28カ国）と北米（アメリカとカナダ）で30カ国にもなりました。フィンランドとスウェーデンが加盟申請しました。ＮＡＴＯと、ＥＵ（欧州連合。１９９３年発足。ヨーロッパを中心に加盟27カ国）の違いは、ＥＵはヨーロッパの政治と経済の統合です。

ロシア軍が、２０２２年１月23日、ウクライナ国境付近に集結し、プーチンが「これだけ言ってもダメか」とビデオ声明で言いました。ＮＡＴＯの東方拡大（イーストワード・エクスパンション eastward expansion）をやめなさい。ウクライナをNATOに加盟させないと保証してくれと、ずっと交渉してきたのだ」と。あれが最後通牒《つうちょう》でした。

NATO事務総長のイェンス・ストルテンベルグはプーチンの再三の要求をかたくなに拒否し、「東方拡大をやめない」と言った。このとき、プーチンはウクライナに我慢しきれず、おびき出されました。それで「先に手を出した方が悪い」の罠に引っかかった。

孫崎　そうです。罠に引っかかった。これがウクライナ問題の原点です。

ひっくり返された従来の対ロシア戦略

副島　プーチンは、自己正当化して、この「特別軍事作戦」は、「ドネツク人民共和国」「ルガンスク人民共和国」の要請に応えて実行したものだ。西側は今では、侵攻（インヴェイジョン）ではなく、アグレッション　aggression　侵略と言っています。

私はプーチンを擁護しました。これはロシアの自衛権の行使である。国連憲章51条に規定されている個別的《こべつてき》自衛権を行使した。ロシアもウクライナも元をたどれば同じ民族（ルーシー）です。だから、国家間戦争ではなくて、内戦（シヴィル・ウォー　civil war）です。ただし、プーチンは、自分を倒すために英米が仕組んだロシアとNATOとの戦争だ、と自覚しています。

孫崎　第2次世界大戦後、国連を含めて西側諸国は、ソ連（ロシア）が正しいから、あるいはソ連と共通の価値観があるから協調したのではありません。ソ連とは思想が違うし、行動パターンも違う。だからこそ、ある種のディール（取引）、ギリギリの合意をして、ロシアを暴発させないことが、１９９０年までの流れでした。

ロシアが暴発すると、核戦争になります。核戦争の危険を考えたら、ロシア（ソ連）を刺激しないこと、彼らが嫌だと思うことをしないということが一番の前提だったわけです。

このアメリカの戦略の代表的人物が、ヘンリー・キッシンジャー（１９２３年—。99歳）や、ソ連「封じ込め政策」のジョージ・ケナン（１９０４—２００５年）です。そしてソ連が崩壊した時の駐ソ連アメリカ大使のジャック・マトロック（１９２９年—）です。彼らはソ連を追い詰めませんでした。

ある時期までは、核戦争の危険があるのだから、ある程度のところでロシアを刺激するのはやめよう。こういう行動をとったら、エスカレートして核戦争になる可能性を秘めているからやめよう。そのことは今の安全保障をやっている人たちはみんな知っています。

ところが、２００８年ぐらいから、バイデンに代表される形の軍産複合体的な人たちが、これまでの戦略をひっくり返しました。核戦争になってもいいと判断したのではないのです。どんなことがあってもロシアは核兵器を撃たないだろう、核戦争まではいかない、だからロシアから取れるものはみんな取る、という考えになったのだと思います。

NATOの東方拡大をしない約束をしておきながら、東方拡大をして、一番の核心のウクライナのところまで来た。アメリカのロシアに対する対応が180度自制を持ったものから変化しました。これがウクライナ戦争の大きなポイントです。

副島　まさしくそうです。バイデンたちは、プーチンの深い決意と、ずば抜けた政治的才能を見誤りました。プーチンは、私の考えでは、政治の大天才です。前述した哲人王《てつじんおう》です。哲学者《フィロソファー》にしてかつ政治指導者です。古代ギリシアの〝賢帝〟ペリクレスの再来だと思います。

プーチンが飛び抜けて凄《すご》いのであって、他のロシアの指導者たちは、まあ、普通ですね。プーチンがいるから西側と互角の戦いが出来ている。

プーチンは米英の周到な罠に落ちた

副島　3月に入って、ロシア軍とウクライナ軍の戦闘が激化し、ただでは済まないという状況になった。3月2日に、バイデン大統領が、アメリカ議会で一般教書演説（ステイト・

オブ・ユニオン）をしました。あれは、バイデンの勝利宣言だったと思います。

孫崎　なるほど。バイデンはプーチン大統領を呼び捨てで激しく非難しましたね。

副島　ええ。西側は計画どおりプーチンを罠《わな》に嵌《は》めた。策に落とした。英語で言えば、クアグマイアー・シチュエーション　quagmire situation　泥沼《どろぬま》状態にした。「ロシアを弱体化させ、経済の締め付けも強化する」と言いました。この目的を達成し勝利した。

実際、２月24日、開戦の日、ロシアの空挺部隊が合計で８００人、４個中隊ぐらいが全滅している。ヘリコプターで降下した最精鋭の部隊です。

キエフ郊外のアントノフ軍事空港を制圧したと思ったら、待ち構えていたアメリカの民間軍事会社、アカデミーの最精鋭の傭兵《ようへい》部隊に皆殺しにされた。彼らは、昔、海兵隊《マリーン・コー》かグリンベレーにいたような猛者《もさ》たちです。この報告を受けて、プーチンは真っ青になって開戦のその日に、即座に「俺は嵌められた」と気付いたでしょう。

アントノフ空港だけでなく、キエフの南に降下しようとした別の特殊部隊とスペツナズ（ロシアの精鋭部隊）もイリューシン大型輸送機２機ごと撃墜されています。

首都キエフに３方面から攻め込んだ戦車部隊は、戦車ごとドローンとジャベリンで吹き飛ばされた。初めの１カ月でおそらくロシア兵２万人が死んだと思います。負傷者はその倍の４万人いるでしょう。多くは若い新兵たちです。だが、同じぐらいウクライナ側の兵士も死んでいます。

孫崎　罪深いのはアメリカです。キッシンジャーは、プーチンを「極めて賢明な人間である。ただ、アメリカを知らない」と述べています。つまりアメリカは「敵に最初の一発を撃たせ、世界を引き寄せ、自分の戦略を優位に展開する」ということを学んではいなかった、ということでしょう。

副島　日本でも、このとき、金融官僚たちが震え上がった事件が起きています。ウクライナ侵攻のわずか2日後、2月26日に、ジャパン・ハンドラーズ（日本操《あやつ》り班）の頭目《とうもく》のマイケル・グリーン（1961年―。61歳。国際戦略問題研究所（CSIS）の上級副所長）が先頭に立って、日銀に突入しました。

　駐日大使のラーム・エマニュエルの命令書を持っていたのでしょう。ロシア国立銀行が日銀に預けているロシアの資金（外貨準備高《フォーリン・リザーブ》）400億ドル（5兆円ぐらい）を、「アメリカの法律に基づいて」強制没収しようとした。日銀はヒドく嫌がって、「そんな法律は日本にはありません」と抵抗した。「日本はロシアと戦争をしているわけではありません」と抵抗した。

　これは差し押さえ、シージャー seizure を通り越して。フォーフィチャー forfeiture と言います。フォーフィチャーとは、犯罪者の資産を没収する、強制没収のことです。甘いものではない。もの凄《すご》いコトバです。

アメリカは、ロシアを戦争犯罪国《ウォークリミナル》と認定して、犯罪者のお金を奪い取る強制没収《フォーフィチャー》を、２月26日に、西側30カ国で一斉に実行させました。ＥＵ諸国とカナダ、オーストラリアが入っている。プーチンは戦争犯罪人だとして、これを強行した。裁判所の判決や命令もなしに、こんなことをやった。

このとき、ロシアの在外資産の半分、35兆円、３０００億ドルが没収された。

マイケル・グリーンたちは、このあと日本財務省にも乗り込んだようです。日本側は慌《あわ》てながらも「待ってください、分かりました。資産の凍結《フリーズ》ということにします」と言って、グリーンたちに帰ってもらった。日本の官僚たちは怒り心頭です。だからこのあと、グリーンの日本からの追放が、「いくら何でもあんまりだ」ということで上手に行われた。

この事態に、プーチンは即座に対応した。次の日2月27日、プーチンは、ワレリー・ゲラシモフ参謀総長とセルゲイ・ショイグ国防相を呼びつけて、「核兵器を、いつでも発射できる態勢　put on high alertt　におけ」と命じました。

このとき、プーチンが初めて「核兵器も辞さず」と言い出した。西側が、これにゾッとした。一気に闘いのステージが上昇しました。ここがものすごく大事なところだと思います。こういう分析と判断を、私は即座にやりました。

孫崎　プーチンが嵌められた。これは完全に私も同意します。アメリカはロシアの侵攻を待ち構えていました。ロシアの戦車隊が最新式の対戦車ミサイル、ジャベリンでたくさんやられたのも、アフガン以降戦争をしていなかったからでしょうね。その間に武器が最新式に変わりました。プーチンはそこを十分に理解していなかった。

副島　そうです。イギリスとアメリカは、２０１４年２月の親露《しんろ》派のヤヌコーヴィチ政権をクーデターで倒したマイダン暴動以来、８年間着々と準備していましたね。

孫崎　はい。だから、いちばん責任を取らなくてはいけないのは、アメリカとＮＡＴＯです。第２次世界大戦が終わった時、核兵器の脅威があり、この核兵器を使った核戦争をいかにして避けるかを基準に、戦後の体制が構築されました。

副島　あ、そうか。孫崎先生たちは、外交官として国どうしのお付き合いとして、何よりもまず、戦争にならないように努力して来られたんですね。

戦争の親玉が核戦争ですから、それを阻止することが、戦後の世界の主要国の外交官たちの重要な任務であり、使命だったのですね。

孫崎　アメリカはその体制を放棄しました。ロシアを疲弊させ、ヨーロッパをもう一度引き締めて自分たちに従わせる。こういう体制を作るということです。

副島さんが言われた、アメリカがプーチンを嵌めたということを、私はその通りだと思います。アメリカの歴史を見ると、やはりそうですね。

仕掛けたのはヌーランド国務次官とネオコン

孫崎　２０１４年2月、キエフの中心にある広場で、親露派と親欧米派の民衆による武力対立が起きました。このマイダン暴動によって、親露派のヤヌコーヴィチ政権は倒れ、親欧米派の政権ができました。

このことが、ロシアのクリミア併合（２０１４年3月）につながりました。この親欧米派のヤツェニュク政権はＮＡＴＯ加盟を強く意識した。そのため、それに対抗してプーチン大統領は、ロシア系住民が多数派を占めていたクリミア半島に侵攻し、併合しました。

２０１５年2月に、ロシアとウクライナの間で結ばれたのが、「第2次ミンスク合意（ミンスク2）」です。東部ウクライナでの停戦とウクライナからの外国部隊の撤退、ロシア系住民が実効支配している地域である、ウクライナ東部のルガンスク州、ドネツク州の一部に自治権を与えるというものでした。これが、ロシアの侵攻の背景となっています。

副島　ところが、ゼレンスキーは、この第2次ミンスク合意を実行しなかった。これにプーチンが怒った。

孫崎　ゼレンスキーが、ミンスク合意を履行して、NATOをウクライナに呼び込むことをしないで、東部のロシア人にウクライナ人と同等の権利を与えていれば、今回のウクライナ戦争は起きなかった。過去、ウクライナ政府や私的暴力集団が東部のロシア系住民に対して、どのようなヒドい残虐行為を行ってきたかも問われています。

副島　そうです。東部の親ロシア系住民を、ウクライナ政権と一体化したアゾフ連隊のネオナチたちが、2万人ぐらい次々に捕らえて、街路で縛りつけて殺しました。映像資料が残っています。これにロシア国民が怒った。ロシアの同胞を救《たす》けなければ、となった。このときのキエフ政府の責任が厳しく糾弾されるべきです。

2014年のマイダン暴動の黒幕で元凶は、アメリカのビクトリア・ヌーランド（1961年―。61歳。現職の国務次官《アンダー・セクレタリー》）と、駐ウクライナ米大使のジェフリー・パイエット（1963年―）です。

彼女らは現場にいて指揮をしていた。ヤヌコーヴィチ大統領の親衛隊や警察官を、狙撃《そげき》して殺していったのは、ヌーランドが連れて来たアメリカの民間軍事会社のアカデミーの傭兵《ようへい》たちだった。周辺は両方のデモ隊が対立して大混乱の中でした。

孫崎　ヌーランドは親ロシアのヤヌコーヴィチ・ウクライナ大統領（当時）に対する反対運動を支援し、同大統領を解任に導きました。ヌーランドが駐ウクライナ米大使と電話で、

ウクライナ戦争を引き起こした統一教会の極悪コンビ

ビクトリア・ヌーランド
米国務次官

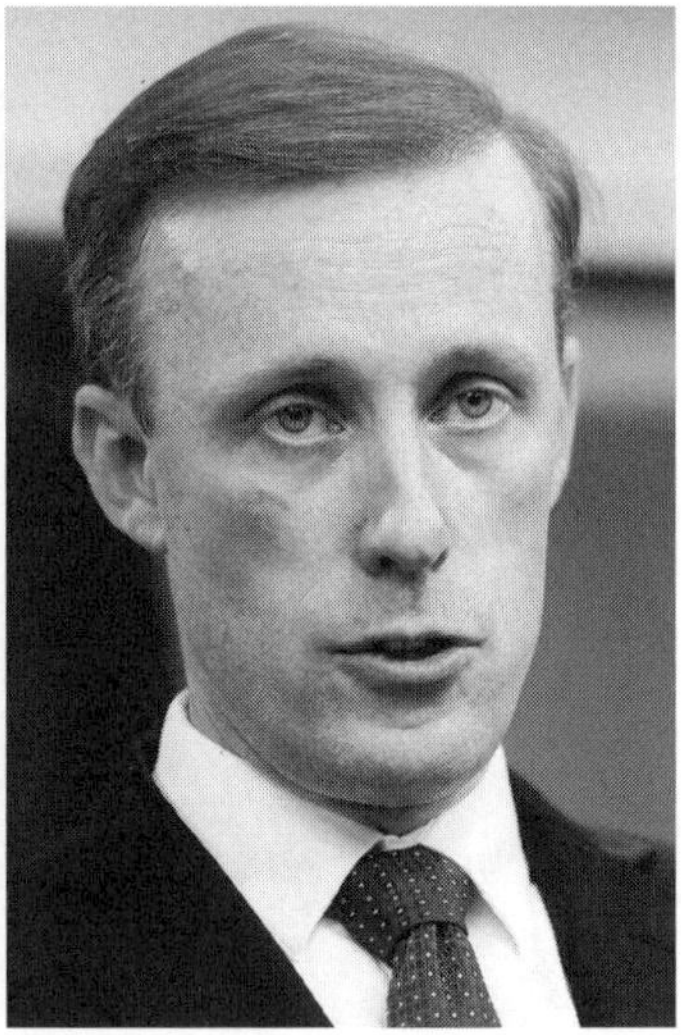

“蛇のジェイク”こと、ジェイク・
サリバン米大統領補佐官

ヌーランドとサリバンがマイダン暴動（2014年２月）を起こして、親露《しん》派のヤヌコーヴィチ政権を倒し、新欧米派の政権を作った。ヌーランドの夫はネオコンのロバート・ケーガン。統一教会（ムーニー）の大幹部でもある。米戦争研究所は、その妹のキンバリー・ケーガンが始めた。

写真左、右：ロイター／アフロ

ヤヌコーヴィチ政権を倒した後の政権構想を話し合っていたことがユーチューブで暴露されています。

マイダン暴動から今回のウクライナ戦争にかけて、ウクライナでの工作を仕掛けたのは、ヌーランド国務次官と、背後にいるネオコングループと見て間違いないようですね。

副島　そうです。ヌーランドが、この後、ゼレンスキーを登場させ、次の大統領として仕立てあげた。ヌーランドは、盗聴された電話で、「ファキング（Fucking）ＥＵ」とパイエットにわめきました。「ＥＵよ、ぐずぐずしないでウクライナを応援しろ」と。このヌーランドと、ジェイク・サリバン大統領国家安全保障担当補佐官《ナショナル・セキュリティ・アドヴァイザー》の2人が凶悪で、バイデンをも振り回している。

それに対して、同じく、ヒラリーのお稚児《ちご》さんだったくせに、トニー・ブリンケン国務長官の方は、やや腰が引けて、この2人とケンカしている。「あんまりバイデンに余計なことを言わせるな」と、ブリンケンが抑え込んでいる。ブリンケンは国務省を代表しているから、あんまり暴走はできない。それでも彼らの実体は統一教会（ムーニー）です。

ヌーランドの夫のロバート・ケーガン（1958年―）こそは、ワシントンの政界で第3次ネオコンでありながら、同時に統一教会のワシントンの大幹部です。

それにしても、アメリカは、いつも相手方に先に手を出させます。そのように仕組みますね。太平洋戦争開始の日本海軍の真珠湾攻撃（1941年12月8日）がそうでした。ベトナム戦争のトンキン湾事件（1964年8月）、古くは、米西《べいせい》戦争での、ハバナ港での米軍艦メイン号の爆破事件（1898年2月）もそうです。

自分が謀略を仕掛けて、必ず相手に先に手を出させる。今回のプーチンを嵌めてウクライナ侵攻をやらせたのも、まったく同じですね。

孫崎　そうですね。アフガニスタン戦争（2001年）もそうだと思っています。真珠湾攻撃のときには、最初の一発をいかに日本に撃たせるかがアメリカの課題でした。最初の一発を撃たせれば、悪いのはすべて撃ったほうにすることができる。それはアメリカの長い歴史の中で常に起こっていることです。

それと同様のことを、今回もやったと思っています。軍事的には、圧倒的にアメリカ、NATOの方が強いわけですから。

国際社会の変化とロシア軍の勝利

孫崎　ウクライナ戦争では、どうやら日本のメディアが世界でいちばんプーチンやロシアを糾弾していますね。さすがに、5月から、アメリカやヨーロッパの空気が変わってきました。

副島　変わりましたね。

孫崎　その前は、「ウクライナよ、やれ、やれ！」と言う人たちだけでしたが。少し違う意見が出てきた。

ブラジルのルーラ・ダ・シルバ元大統領が、5月4日付のアメリカの「タイム誌」の表紙になりました。ルーラ元大統領はインタビュー記事で、「ゼレンスキー大統領にはプーチンと同じくらい責任がある」と発言し、大きな反響を呼びました。

彼は、ロシアが悪いのは当然だとしながらも、それと同時に、いちばんの懸案だった、NATOのウクライナ進出という問題にきちんと対応しなかったアメリカとNATOに責任がある、と指摘しています。

また、ゼレンスキーに至っては、「あんたは世界中のテレビに出まくって嬉しいかもしれないけれども、テレビに出るために、戦争をするな！」と痛烈な一撃を加えました。タイムが表紙にしたということは、アメリカ国民に対してのメッセージだったと思います。

副島　ハハハ。ゼレンスキーはもともとお笑い芸人ですからね。EU、NATOが総力で戦えば、ロシアに勝てるというけど、さあ、どうかな。彼らは歴史を知らない。ロシアの懐の深さを舐《な》めています。やがて冬将軍《ふゆ》（general Winter）がやってくる。

やはり孫崎先生が高く評価されているキッシンジャーの発言が相当効いています。２０２２年5月23日、キッシンジャー博士が、オンラインでダボス会議に出て、「あと２カ月で停戦しなさい。そうしないと、ロシアがＮＡＴＯと戦争になる」と言いました。

この発言に西側がビクつきました。キッシンジャーには、グラヴィタス（gravitus　威厳）があります。この威厳が大事なのです。大国の政治家でもなかなかこの威厳までは持てません。周りが、それに黙って従う。ゼレンスキーたちバカ者たちは、きゃんきゃん、これに向かって吠《ほ》えました。

このキッシンジャーの発言の少し前、5月19日に、ニューヨークタイムズ紙の社説が、「停戦しろ、交渉しろ」と書きました。おそらくウクライナ側が負けると分かったのでしょう。あの時、すでにロシア側が反撃に出て、勝ち始めていました。

私が勝手に認定したのですが、東部ドンバス地方で、ようやくロシア軍が本格的に敵に勝ち始めた。私は、ヤレヤレ、やっとロシアは立て直したかと。

孫崎　ドネツク州南部のアゾフ海に面したマリウポリで、アゾフスターリ製鉄所に立てこもって抵抗していたウクライナ政府軍とアゾフ連隊が降伏したのは、5月17日でした。

ロシアのタス通信が、「ロシア国防省は、アゾフスターリ製鉄所の過激派が1日あたり約７００人降伏したと報告した。同省によると、5月16日以降、合計９５９人の過激派が降伏した。アゾフスターリの領域は、ウクライナ側がマリウポリで保持している最後の地域だった。市の戦いは、ほぼ3カ月続き、露軍が勝利した」と報道し、私も、この内容をツイートしました。

副島　そうなのですよ。5月16日までは、ロシア軍にとって苦しい厳しい戦いが続きました。少しさかのぼって、5月9日に、ロシアの対独《たいどく》戦勝記念パレードがありました。

このときのロシア国民の顔つきは本当にキツそうでした。プーチンの演説も唇をかみしめるような感じでした。ロシア人は誰もニコリともしませんでした。ロシアの若者がウクライナでたくさん死んだ、と分かっているのでしょう。

その前日の5月8日に、ロシア軍はボロ負けしています。シベルスキードネツ川を渡ろうとして、500人ぐらいの1個大隊が4つぐらい。さらに橋を渡す工兵部隊が4つぐらい。合計3000人から4000人がこの渡河《とか》作戦に失敗して死んでいます。

この日、ロシアの退役将軍が、ロシアのテレビ、チャンネル1《ワン》で「ロシア軍は負けているんだ。大変なことになっている」と発言した。それを西側がワーと宣伝した。

しかし、この直後に大きな転換点がありました。5月20日に、ショイグ国防相が、プーチン大統領に対して、「ドネツク州を制圧しました」と報告したとテレビに映りました。そして東部の要衝セベロドネツク（ルガンスク州）の包囲が完了し、全市を制圧しました

（6月25日）。それを機に、日本のテレビでも、ようやく「ロシア軍が優勢だ」と言い出しました。

孫崎　まず、武器を見ると、アメリカの武器はロシア軍を凌駕《りょうが》しています。アメリカは、①ロシアに勝利させない、②しかし、ロシアを完全にウクライナから排除しない、③それによって、この戦争を長期化させる、④長期化でロシアを疲弊させ、かつ欧州諸国を安全保障面で支配することを意図しています。

副島　ところが、いったん制圧したセベロドネツクに、ロシアの友軍としてチェチェン軍の最精鋭部隊が入っていたのですが、5月31日からウクライナ軍が榴弾砲《りゅうだんほう》で反撃に出てチェチェン兵がかなり死んだ。

セベロドネツクが最終的に陥落したのは、6月25日です。マリウポリでの勝利に続き、ウクライナ東部のドネツク州、ルガンスク州において決着がつきました。

マリウポリの地下要塞で、最後まで逃げなかったウクライナ軍の連中が、2500人いました。彼らはウクライナ正規軍が半分、ネオナチのアゾフ連隊《レジメント》と外国人傭兵部隊が半分です。彼らが次々に部隊ごとに投降する姿は、日本でも映りました。

自分は戦場で死ぬのだ。平和な世の中で生きているのが、つまらない、という人間たちです。死ぬ気で戦うという人々が本当にいます。それでも8割は死ぬけど、残りの2割はどうしても生き残ってしまう。そういう人たちです。

捕虜になった彼らは、もう自分の生命エネルギーを使い果たしていますから、二度と戦場には出ないでしょう。死ぬことを通り過ぎた人たちだ。それよりは、「自分は絶対に死にたくない。家族がいる」という兵士たちほど、かえって待ち伏せ攻撃で死ぬことが多いですね。それが本当の戦場です。

プーチンは国際秩序に挑戦した

孫崎　今の国際秩序はダブル・スタンダードです。アメリカが上にあり、その下に国際秩序があります。現在、国際秩序は、アメリカ以外の国がアメリカに隷属するための規定です。そしてアメリカ自身は、その規定とはまったく関係がない。こういう構図です。

プーチンは、この構図に、ある意味チャレンジしました。「アメリカ一極支配がすべて正しい」「アメリカは何でも好きなことをしていい」という考えに対して、プーチンたちは、「そうではないだろう」と反発しました。

「あなたたちがそこまで言うと、ロシアの安全保障を侵すことになる。だから自制しなさい」という、ある意味で、国際的にたいへん合理性のある物の考え方を、プーチンはしています。

かつては世界戦争、核戦争にならないために、アメリカは、自制して国際秩序を保つという姿勢を取ってきました。その考え方の中心になっているのが、キッシンジャーです。キッシンジャーは、北朝鮮の核問題について、「北朝鮮は、核大国と他の国々から自国が攻撃されたら、自国の崩壊を、核兵器を使わないでまざまざと見逃すことはしない、と考えている」と発言しています。北朝鮮は核兵器を持っているので、いざとなったら使う、ということです。

副島　ああ、そうですね。私は、キッシンジャー（99歳）は、あと3年生きると思います。まだ自分の足で歩いてテレビに出て来ます。ほとんどオランウータンみたいです。それでも2025年までは生きるでしょう。ということは、人類が核戦争をする可能性は、キッシンジャーという重しが取れる、2025年からあとですね。

孫崎　アメリカは、ウクライナに、対《たい》戦車ミサイル「ジャベリン」、対《たい》空ミサイル「スティンガー」、そして、高機動《こうきどう》ロケット砲システム「HIMARS《ハイマース》」など、大量の兵器を提供しています。

アメリカは東部ウクライナでのロシアの支配を黙認し、絶えずそこにいて、ロシア軍と対峙《たいじ》しているウクライナ軍に武器を供給する。あるいは、そこに傭兵を置かせて、膠着《こうちゃく》状態のまま引き延ばす戦略だと思います。

だから、いつまでもウクライナは安定しません。ウクライナ戦争を契機に、アメリカはヨーロッパの支配をこれまで以上に強化したいのです。この混乱する事態を、できれば5年、10年続けたい。続けるためには、完全にロシアに勝ったという状況を作らないで、泥沼化させる。

泥沼にさせておけば、ロシアへの経済制裁も続くから、ロシアが疲弊する。決着つかずの戦争の継続を、アメリカは重点に置いていると思っています。

普通は、日本人は、制裁をやられると、プーチンのような指導者の人気はなくなると思っています。しかし、ロシアはまったく違います。過去に、自分たちが何度もアメリカに介入されて、自分たちの政権がおかしくなった。それは正義ではないことを、革命の時から分かっている。もう何回やられたか。だから西側から制裁が来るということは、自分たちの指導者はむしろ正しいと国民は判断する。

副島　そうでしょうね。ロシアには、今もスターリンを尊敬している人たちがいる。レーニンの銅像もまだありますね。プーチンも、スターリンが好きみたいです。その代わり、ソビエトを崩壊させたゴルバチョフが嫌いですね。1991年からのソビエト崩壊は、ロシア国民にとっては、大変な苦難でしたから。

孫崎　だから西側の、ロシアを制裁すれば、政権がおかしくなるはずだ、という考えは違うと思います。

核戦争まで発展するのか

副島　私は、前述した「ブチャの虐殺」（4月1日）のあと、4月12日に、「これはもう核戦争まで行く。第3次世界大戦につながる」と、判断しました。なぜなら、ゼレンスキーたちネオナチは絶対に退かない。自分たちが滅ぶと分かっていてもやり続けます。ウクライナ国家を道づれにする気だ。

私のホームページの「学問道場」に、「プーチンは、たんに戦術核を使うレベルではなく、ＩＣＢＭの7・5メガトン級の大きいのを撃つ」と書いてしまった。

その翌日、バーンズＣＩＡ長官が、「もう核戦争になるかもしれない」と発言しました。ゼレンスキー自身も、4月15日に「核戦争になる」と言いました。

孫崎　私自身は、核戦争になる可能性はないと思います。なぜなら、核兵器を使うと、核兵器で報復され、自分たちも自滅するわけです。

であれば、相手国の国家体制の破壊や指導者の排除をしないこと。これはキッシンジャー的な考え方です。２０００年ぐらいから始まった危険なネオコンの台頭より以前、アメリカ一極支配が続いていたときのアメリカの中核的な人たちの考え方です。

キッシンジャーは、「核戦争になるのは、国がつぶされるとき、指導者がやられるときだ」と言いました。ウクライナ戦争が始まったあと、ロシア国内でのプーチンの支持率は、83パーセントもありました。プーチンは追い詰められていません。今のところプーチン体制が倒れることはありません。

西側はプーチンの排除を画策している。しかし、プーチンを排除したら、もっと過激な人物が現れるかもしれない。もしプーチンの立場が、ロシア内部で脅かされるとしたら、「プーチンは軟弱だ」とロシア内部で排除されるときです。プーチンとショイグ国防相との関係に、その危険性を感じます。

しかし、ロシア国内においてプーチンがやられることは、まずないと思います。

副島　10月8日に、クリミア大橋がウクライナの特殊部隊に爆破されました。その前日がプーチンの70歳の誕生日でした。この日をウクライナは狙ったんですね。

しかしプーチンは、これに対して激しいミサイル砲撃で報復しました。まだまだ元気です。どうやら、キエフのその他の大都市の電力設備を破壊したようです。それまでロシアが自制してやらなかったことです。本当は、これにウクライナは相当こたえている。

ネオナチとウクライナ戦争の特殊事情

ウクライナは特殊な国

副島　ウクライナの独立は１９９１年（ソビエトが崩壊した年）で、わずか30年しかたっていません。30年前というと、日本はバブルが破裂し始めて、経済がひどいことになりました。バブル経済というのは、好景気で日本の経済大成長の最後でした。

ウクライナは、ゼレンスキーの大芝居もあって、そこそこ立派な国と思われています。しかし、実際は、まだ若いヒヨッコ国家ですね。しかも経済は戦争前から破綻《はたん》しています。

孫崎　ハハハ。そう言えるかもしれませんね。ウクライナはたいへん特殊な国です。第２次世界大戦時、ナチスの支配下でした。ナチスの政権がウクライナにかつてあったということが大事です。そのとき、ナチスに協力した人もたくさんいるわけです。

ロシア人的な感覚だと、「ウクライナという国は、俺たちがナチスから解放して、俺たちが作った国じゃないか。俺たちがいなければ、あんたの国はないよ。それを思い出せよ」と。これがロシア人の言いたいことでしょう。

副島　それに対してウクライナ側は、スターリン時代のことを持ち出すでしょう。スターリン時代のホロモドール（「飢えによる虐殺」を意味するウクライナ語）で、300万人ぐらい餓死者が出た。スターリンが馬鹿なことをして、農民たちを国家政策の中に入れて、集団農場を作ったからです。

中国の毛沢東もそうでした。人民公社なんか作って、文革《ぶんかく》（1966―1976年の10年間）時代に、1億人の農民の餓死者を出した。自然な欲望に任せて放っておけばよかったのだ。ロシアに対する、ひどい目に遭ったあの時の憎しみが、ウクライナ国民に今もあるのでしょう。

孫崎　ありますね。ただし、ウクライナの文化は、ソ連時代のロシア語の教育で花開いています。ロシアを外すと、純粋なウクライナ的な文化はことごとく消えてしまいます。

残っているのは、カトリック教のポーランド的な文化でしょう。ウクライナという国は、文化的にロシアと不可分な面があります。

副島　ロシア（ルーシー人）の始まりは、9世紀のキエフ公国（ウラジミール大公）から始まった、と多くの識者が言っていますね。

大前研一氏が書いていました。ウクライナ人は愛国心で戦っているのではない。ウクライナの若い人たちは西欧に行きたいのだ。ロシアが嫌いだという感情はある。それは西側世界に憧《あこが》れるからだ。自国を愛しているわけではない。

エマニュエル・トッド（１９５１年―）は、「ウクライナ人は個人主義になっている」と書いていました。西洋型の個人主義が成り立っていると。それに対して、「ロシア人は今も大家族主義だ」と言うのです。

ウクライナ人は、ＮＡＴＯやＥＵに入って西洋人になりたいのです。トッドやトマ（ス）・ピケティ（１９７１年―）たちの学問《サイエンス》である人口動態《どうたい》学（経済学の基礎理論のひとつ）は、家族制度の研究が中心です。

あとは宗教ですね。西部のガリツィア地方はカトリック教地帯で、ポーランド、リトアニアと一緒です。私は、ガリツィア右翼（ネオナチ）を操《あやつ》るカトリック教会（とりわけイエズス会）が大嫌いで、人類の諸悪の根源だと思っています。親《プロウ》ロシア派のヤヌコーヴィチ元大統領が、「西ウクライナとポーランドは一緒の国になるだろう」と言いました。

国外に逃げている７００万人のウクライナ人のうち、５００万人ぐらいはポーランドに逃げています。ポーランドは、リトアニアと同様に、反ロシア感情が強い国です。

孫崎　たしかにウクライナの西側の人たちは、ポーランドと一緒のカトリックとハプスブルク家的な文化を目指しているのでしょう。しかし、優れた文化人たちはみんなロシア語で表現しています。

ナチズムはいかに生まれたのか

副島 孫崎先生は、ロシア駐在が長いですから、ロシア人たちとの付き合いが深いので、よく分かっているのですね。ナチズム（ドイツ国家社会主義）の中心思想は、アーリア人を人間の頂点と考えるアーリア人神話です。ところが、この世にアーリア人（Aryan《アリアン》 race《レイス》）はいません。アーリア人種、アーリア民族、そういう種型の白人人種など存在しません。この事実が、学問的にはっきりしました。

この元凶の理論を作ったのは、ウィリアム・ジョーンズ（1746─1794年）というイギリス人です。こいつが、映画〝インディ（アナ）・ジョーンズ〟のモデルです。ジョーンズ博士は、サンスクリット語を勉強し、インドで裁判官をやりました。彼が作ったのが、比較言語学（コンパラティヴ・リングウィスティックス Comparative Linguistics）です。

彼が、「インド・ヨーロッパ語族」India European language《ランゲッジ》 tribe《トライブ》 という思想も作りました。ヨーロッパ人とインド人とペルシア人（イラン人）は、元は同じ語族《ごぞく》で、この言語を話していたのが、アーリア人種《レイス》だと奇妙なことを言い出した。これがナチス思想のアリアン白人優等思想になった。

あと悪いのは、ドイツ人の実業家で、考古学者、「トロイの遺跡」を発掘した（ウソだった）ハインリヒ・シュリーマン（1822―1890年）です。この男もとんだ食わせ者でした。

言語 logos《ロゴス》 を土台にして、人種、レイス race なるものをでっち上げたところから、人類学（アンソロウポウ・ロジー anthropo - logy）なるものを作りました（これもインチキ）。簡単に言えば、人類学は原住民や土人たちの研究です。これが現在、大破産しました。

その人類学の中心なのが、コーカソイード（白人種）、ニグロイード（黒人種）、モンゴロイード（黄色人種）の3大人種理論です。そしてコーカサス地方が白人の発祥の地で、このコーカサス人がアーリア人種ということになったのです。こんなものは虚偽だと、学問的に判明しました。

フランス人のアルチュール・ド・ゴビノー（1816―1882年）という学者が『人種不平等論』（1855年刊）という公然たる人種差別の本を書きました。ゴビノーは、白人至上主義を提唱し、アーリア人を支配人種と位置づけた。それが、ナチズムの白人優等人種理論に発展しました。

ナチス時代のドイツ人たちは、アーリア白人種というものを信じ込んでいました。ところが、この理論を作った言語学《リングウィスティックス》、そこから派生《デリヴァティブ》した人類学なるものも、インチキでした。今では、これらの学問の中心部分が崩壊しました。

「インド・ヨーロッパ（印欧）」語族という考えはウソでした。この言語学から出てきた人種理論もウソでした。だから、人類学という学問は、その中心部分が滅んでいる。人類学自体が差別学問でした。

しかし、このことは言ってはいけないことになっているようです。それをユヴァル・ノア・ハラリ（1976年―）は、『サピエンス全史』（2011年刊。河出書房新社）という本の中で控え目に暴いています。いわゆる白人が優等で、という以前に、白人種という考え方自体が成り立たない。しかし、私がここまで言うと、日本人はまだ付いて来られない。

孫崎　ロシアは自分たちは欧州文化の中心にあると思っていますが、欧州はこれを受け入れない。ロシア人の心情は、「我々は馬鹿かもしれない。しかし決して譲れないロシア的なものを持っている、それを守るためには死もいとわない」ということでしょう。

副島　このアーリア人思想とコーカソイド（白人優越）思想が、ナチスの思想となり、今のウクライナで復活し、暴走したのです。

ウクライナ女性たちの金髪で、肌がまっ白でキレイ。キレイであることを、彼らは、自分たちが優等民族だ、と信じ込む根拠にしています。優等なキレイな私たちは「モスクワ・ルーシ」なんかとは違う。プーチンたちはモンゴル人（アジア）が混じったユーラシアンだ。

こうして、白人至上主義（ホワイト・スープレマシー white supremacy）が極限までいきました。このウクライナのネオナチ運動は、ステパーン・バンデーラ（1909―1959年）と、ドミトリー・ヤロシ（1971年―。ウクライナ軍参謀総長の顧問）が作ったバンデーラ主義です。

ヨーロッパ全土にいる、下から吹き上げる嵐のような、サッカーのフーリガンたち。ヤクザ者のチンピラたちがナチズムを唱えます。ウクライナの凶暴なネオナチのアゾフ連隊もフーリガン（サッカーの暴力的ファンクラブ）から始まりました。このたった30、40年の歴史です。

孫崎　ゼレンスキーは、ユダヤ人ですね。

副島　そうなのですが、正確に言うと、ゼレンスキーは母親がユダヤ人ですからユダヤ系なのですが、ユダヤ教徒ではなく、彼は宗教的ではないです。

ウクライナ東部の港湾都市マリウポリの辺りは、昔からユダヤ人が多く住んでいます。5世紀から9世紀に、カザール（ハザール）人の国があった。このときから、ユダヤ人社会が出来ていたようです。

カザール（ハザール）国は、ユダヤ教のモーセ五書（トーラ）を国教にしました。パレスティナに行ったこともないのに、新しいユダヤ人がここで生まれたとされます。もっとも、何をもってユダヤ人と言うかが問題なのですが。

ネオナチ軍団である、アゾフ連隊の中に、なんとユダヤ人部隊が存在するそうです。ナチスを一番嫌うのがユダヤ人なのに。このことが、イスラエルからは丸見えらしい。ゼレンスキーのすぐ横に立っているあの野郎は、ユダヤ人で、あの爺《じい》さんは誰々で、と皆よく知っているのです。あの地域《リージョン》の歴史の根深さです。

アメリカ・NATOの狙いは長期・泥沼化

副島　4月9日に、イギリスのボリス・ジョンソン首相が初めてキエフを訪問しました。このあと、フランス、ドイツ、イタリア、ルーマニアをはじめ、ヨーロッパの国々の首相、大統領たちがキエフにゾロゾロと行くようになりました。「私たちヨーロッパはお前を見捨てないからな」という態度でした。だからヨーロッパが事態に歯止めを効かせられなくなった。

孫崎　10月8日から、ウクライナ東部のハリコフ（ハリキウ）州でウクライナ軍が、反撃に出て、ロシア軍が大きく撤退しました。占領していたハリキウ州をほぼすべて放棄して、ルガンスク州まで退却しました。ウクライナ側と西側諸国は大勝利だと宣伝しています。

副島　アメリカから供与された「M777」155ミリ榴弾砲《りゅうだんほう》（ハウイツア Howitzer と言う）は70キロ飛ぶそうです。実際は50キロとか言っています。さらにHIMRAS《ハイマース》というロケットシステムの砲弾の威力でロシア軍は苦戦しています。あと400門ぐらいあるようです。

このハイマースは、ミサイル（ロケット）であり、これに目が付いているような最新兵器です。ロシア軍の指揮所や弾薬置き場《アーセナル》を正確に狙ってきます。この誘導《ガイデッド》ミサイルの思想は、旧日本軍のカミカゼ特攻隊《とっこうたい》が、ゼロ戦に爆弾を積んで人間が直接、標的を目指す自殺攻撃《スーサイダル・ボミング》という軍事思想から生まれたものです。

ロシアのラブロフ外相が言ったとおり、ウクライナ戦争は、ロシアとウクライナとの戦争ではなくて、ロシア対アメリカ・イギリス・NATOとの代理戦争ですね。

孫崎　はい。まさしく代理戦争です。

副島　ゼレンスキーとウクライナ軍が、西側同盟《ザ・ウエスト》の手駒、鉄砲玉として使われています。孫崎先生は、今後、どうなると考えますか。

孫崎　NATO、アメリカは、決着をつけないで泥沼化することを考えているのだろうと思います。東部と南部では勝利することもできるが、決定的な勝利はない。

副島　ロシア側が？

孫崎　いいえ、NATO側が。戦力的には、圧倒的にNATO側が優位です。しかし、決定的に勝利をしないで、ずるずると引き延していく。そうすることでアメリカは、新しい時代が来たのだと、武力でもってヨーロッパや日本も抑え込むのでしょう。

核戦争になる恐れがあるから、一気にはいきません。プーチンとロシアに完全な屈辱を与えないように、現状を維持し、長期化させると思います。

副島　ロシア軍はドニエプル川の東側まで撤退しました（11月11日）。そして、強固な陣地を築いている。ドネツク州の西側が、まだウクライナ支配下です。ここにロシア軍は攻撃をかけるでしょう。冬将軍を利用して。

そして全体としてはドニエプル（ドニプロ）川を自然境界にして停戦状態に持ち込むのではないか。

泥沼にはまった ウクライナ戦争の戦況

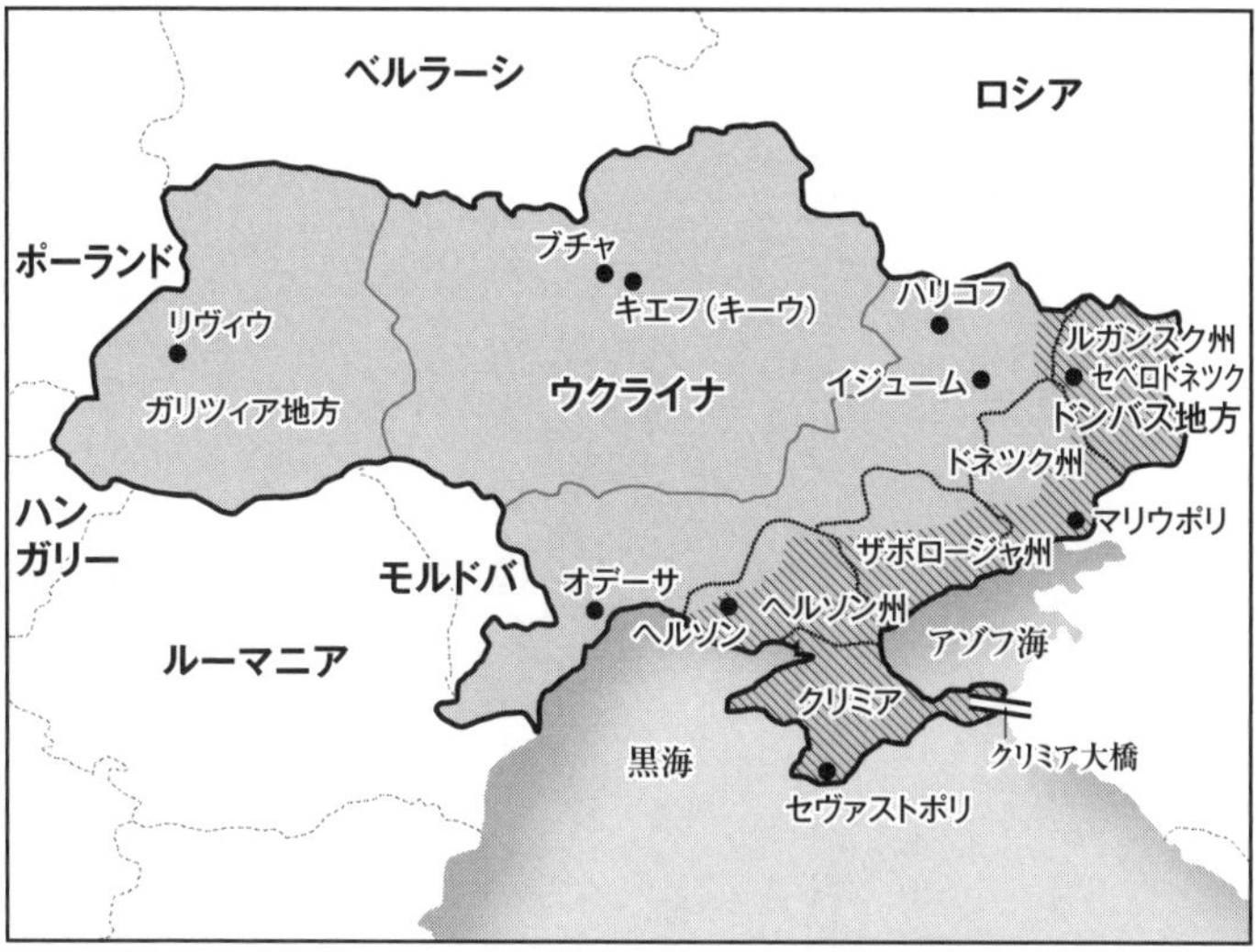

▨ロシア軍が支配しているとみられる地域（戦争研究所　WEBより作成　2022年12月8日）

戦争が始まって10カ月が経つ。2022年９月30日、プーチン大統領がウクライナ東南部４州（ルガンスク州、ドネツク州、サポロージャ州、ヘルソン州）の併合を宣言した。ウクライナ軍の反撃でヘルソン州の州都ヘルソン市から撤退した。戦況は膠着《こうちゃく》し、停戦（シース・ファイア）もできない。ゼレンスキー大統領を操る英米の勝利もない。

プーチンが抑えている核戦争の危機

孫崎　戦争が始まって1カ月ぐらいでプーチンの人気が急上昇しました。一気に反プーチンの動きは起きないと思います。むしろ私が危惧《きぐ》するのは、ロシアに西側への協調派が出て来るのではなく、プーチンよりも過激な連中がロシアに出て来ることです。
　私はまだプーチンに信頼を置いています。プーチンが、もし第2世界大戦の時のアメリカ軍人のような考え方の持ち主であれば、もっと残虐なことをやっている。ウクライナの首都キエフには住民が３００万人ぐらいます。ここの市街地にミサイルをどんどん撃ったはずだ。

副島　そうですね。有り得ましたね。プーチンは常に自制的で冷静です。

孫崎　有り得ました。しかし、プーチンはやっていません。マリウポリの製鉄所の攻防で、プーチンは国防相を呼んで、こう言ったと思います。
「敵を全滅させる武力攻撃はやめろ。ロシア兵士が死ぬのはよくない。製鉄所内へ突入することで、私たちのロシア兵が死ぬことに私は反対する」と。これはある意味、ウクライナ兵にとっても同じことです。

地下要塞《ようさい》に立てこもっているウクライナ兵たちを、火炎銃で一気に焼き殺すことも出来ました。化学兵器を使うことも出来た。それをやっていない。プーチンが一所懸命に言っているのを、国防相は黙って聞いていた。一応、イエスと服従しましたが、その後、敵を穏やかに降伏させる攻撃が行われました。

ロシア国内に、「こんな甘いことでいいか」という過激なグループをプーチンが抑えていると思います。もしプーチンが失脚し、そのグループにとって代わると、そのときは、たいへん危険な状況になるでしょう。

副島　つまり核戦争ですね。

孫崎　はい。だから私自身は、プーチンがいる限り、プーチンが形式的であれ指揮命令をコントロールしている限り、核戦争は起きないという希望的な見方をしています。勝つために出来ることはいろいろある。ですが、プーチンは人道的面から抑制しているように見えます。

副島　さすが孫崎先生ですね。この戦争の趨勢《すうせい》を深く分析していますね。事態の決定的な激化を、常に避ける方向で慎重に考えておられる。

西側は「プーチンの弱体化」という言葉を使っています。プーチンが失脚して、自分たち西側の言うことを聞く国にすると。英米はそこまで考えていますね。ところが、それがどうも頓挫《とんざ》したようです。それは、やっぱり「核兵器をいつでも発射できる態勢に入れ」という言葉をプーチンが使ったからです。

孫崎　もう一つは、ロシア指導部で、アメリカの工作によるクーデターが起きる可能性です。エリツィン政権の誕生は、完全にアメリカのクーデターでしたね。今もアメリカに協力する人たちが、クレムリン内に残っていると思います。

副島　プーチンの右腕（大統領）だったドミトリー・メドヴェージェフ（1965年—。現・安全保障会議副議長）がプーチンを裏切るかもしれないと言われていますね。

孫崎　場合によっては、彼がアメリカとつながっている可能性は、私はあると思います。でも、ロシアは軍の力が強いのです。軍部は完全にはプーチンに従属していないようです。

　ロシアでは軍と警察の力が圧倒的に強いから、彼らに対抗して新しい指導体制が出来るとは、私は思いません。

副島　ロシアが核を撃つ時、ゲラシモフ参謀総長とショイグ国防相、そしてプーチン大統領の3人のうちの2人が、核の発射を承認しないといけないことになっています。

「プーチンよ、核を撃て」

副島　4月20日に、「サルマト」という7・5メガトンもの破壊力を持ち、そして1万1000キロも飛ぶ、恐ろしいICBM（大陸間弾道弾）の発射実験を、ロシアはやりました。プーチンは、「この発射実験は、西側に見せびらかすためにやっているのではない」とハッキリ言いました。明らかに西側を脅している。

マッハ10《テン》で飛んでくる、このICBMを、西側は迎撃（インターセプト）できません。しかも、このサルマトは、グルリと南半球を周ってニューヨークを攻撃することもできる。西側の核戦争の分析官たちは狼狽《ろうばい》している。どうしようもないんだと。だからピタリと黙っています。西側は対応を誤ると、もうこれは第3次世界大戦です。

その次の日、ロシア国営テレビのチャンネル1《ワン》で、有名な司会者と評論家たちが、「いざとなったらロシアは核兵器を撃つ」という発言をしました。

マルガリータ・シモニヤンという女の司会者が、「第3次世界大戦は、私はあると思う」「最終的に核攻撃で終わるほうが、ウクライナで私たちが負けるよりはあり得る」と発言しました。

この後、ソロビエフという一番人気の評論家が、「どうせみんないつかは死ぬのだ。私たちロシア人は死んで天国に行くけど、あいつらはそうじゃない」と言いました。そして全員で笑いました。

敵であるアメリカのことを、「我々のグット・パートナー　good partner」と言い、「ニューヨーク市を、ザ・グッドシティ　the good city　いい街だ」と言い、「ここに落としたら一発で全市が吹っ飛ぶ」

“The city of NY would be gone with our heavy rocket.”「ザ・シティ・オブ・ニューヨーク・ウッド・ビー・ゴーン・ウィズ・アウア・ヘヴィ・ロケット」と続けました。

この番組は、すぐにアメリカで放送されたので、私は字幕の英語をメモしました。実際、ニューヨークから大金持ちたちが逃げ出しているようです。

もう1つ、巨大な核兵器をロシアは持っています。それは「ポセイドン」核魚雷《かくぎょらい》（ニュークリア・トルピードゥ）です。これを、ロンドンのテムズ河の河口で爆発させると、高さ500メートルの巨大津波が起きて、ロンドンは壊滅すると言われています。10月に入って、この核魚雷「ポセイドン」を積んだ潜水艦が、北極海から大西洋に移動したそうです。

孫崎　プーチンやロシア軍を崩壊するところまで追い込めば、核兵器を使う。これを西側は理解し始めたのではないでしょうか。興味深いのは、マクロン大統領が「ロシアがウクライナに核攻撃しても、フランスは核兵器を使わない」と述べたことです。
一時期、どこまでもプーチンを追い込めばいいという考えが優勢だったのですが、少し変化がみえます。

副島　私は、前述したとおりプーチンは政治の天才だと思っています。天才を通り越して、フィロソファー・キング philosopher king「哲人王」だとまで言い出しました。これは哲学者にして王様です。独裁者でありながら、極めてすぐれた指導者です。
紀元前431年に、人類史上、初めてのデモクラシー、デモス・クラティア（Demos-cratiae 民主政体）がギリシャのアテネで生まれました。そのときの〝賢帝〟ペリクレスの再来である。私はここまで言います。

孫崎　そういう意味では、プーチンはキッシンジャーに近いんですよ。ただプーチンは「アメリカの悪」を過小評価していたと思います。

副島　プーチンはキッシンジャーの教え子です。キッシンジャーは、プーチンの先生（メンター）です。
4月12日、やがて世界大戦になると、私は腹を決めて自分のサイト（学問道場）に書きました。私は半分発狂状態になって、「もうプーチンよ。こうなったら核兵器を撃て」と書きました。

4月19日に、「プーチン、お願いする。撃つんだったら次の4カ所だ」とまで書きました。その4カ所とは、①ローマ・カトリックの総本山のヴァチカン、②イギリス国教会《アングリカン・チャーチ》の総本山のウエストミンスター大聖堂、③オランダのハーグ市にある国際司法裁判所（ICJ）、国際刑事裁判所（ICC）、そして、④ニューヨークです。私以上に過激な人間はこの国にはいないでしょう。

孫崎　……。それまた、どうして？

副島　このヨーロッパ近代《モダーン》500年間。大航海時代以来、人類の諸悪の根源は、ローマ教会（イエズス会）とイギリスです。だから、②イギリス国王が主宰するその一部がイギリス議会バッキンガム宮殿と、イギリス国教会の総本山であるウエストミンスター寺院（その一部がイギリス議会）に落とせと。それよりももっと悪いのが、①ローマ教会です。だから、カトリックの、ヴァチカンに落とせと。

そして、やはり④アメリカのニューヨークです。あと2発加えるなら、ホワイトハウスのあるワシントンと、コロラド州のNORAD《ノラド》（北米航空宇宙防衛司令部）も。このNORADと周りにある核サイロをロシアは狙うでしょう。人工衛星で正確にミサイルの軌道管理をしていますから。ここまで言うと、もう誰も相手にしてくれません。

孫崎　いや、核を撃て、と言っても、これはプーチンに対する、副島さんからの命令だから大丈夫。命令を聞かなかったなら、聞かないほうがおかしい（笑）。

重要なことは、ロシアが核兵器を使ってアメリカを完全に破壊出来るということを、アメリカ人はもっと理解しないといけないと思います。

副島　あ、そうか。孫崎先生もキッシンジャーやプーチン並みの大天才ですね。日本を外側世界に向かって代表する真の外交官です。

お前が何を言おうが、それは、お前の勝手な夢、希望、願望、期待を言っているだけだ。それはお前の意見《オピニオン》で妄想《イルージョン》だから、現実とは何の関係もない、ということですね。たいへん勉強になります。

世界を大きく統合する力で見ると、一番悪いのはローマ・カトリックとイギリスだという大結論に私は到達した。この５００年間、ディープステイトという、裏に隠れて、世界を支配している者たちの頂点は、ローマ法王とイギリス国王です。

西欧白人の文明は、キリスト教のローマ・カトリックが作りました。紀元後3世紀（西暦２００年代）から、キリスト教がヨーロッパ全体の支配者の思想になりました。ローマ帝国の貴族から皇帝まで、どんどんキリスト教徒になっていった。

そして、ここ10年で、カトリックの法皇から大司教、神父の多くがペドフィリア（犯罪的な小児性愛）という深刻な問題を抱えていることが、満天下に露呈《ろてい》しました。もう彼らを人類は許してはおけない。

古代ローマ帝国の跡継ぎが今のヨーロッパ文明です。ヨーロッパ文明の派生（デリヴァティブ）としてアメリカが生まれた。大航海時代（西暦1500年から）以来、西洋白人たちは、船と大砲、サイエンスの力で世界中を支配した。それが悪らつな植民地主義と帝国主義の2つになりました。

私は、プーチンに、この500年間続いている西洋白人中心の文明を、もう終わりにしてほしいと頼んでいるのです。

第3章

崩れた世界のパワーバランス

アメリカ一極支配の終焉

天然資源のロシアか、ドル体制のアメリカか

副島　2022年6月のニューズ映像を見ました。ロシアのキレイなモデルや女優たちが、怒りながら、次々と80万円ぐらいのシャネルやヴィトンのバッグを枝切りバサミでザクザク切って、ポイと捨てていました。

フランスの高級ブランドのシャネルやカルティエが、モスクワでは、ウクライナ戦争に反対の承諾の署名をしなければ買えなくなったことに怒って、この行動に出た。ロシア人の愛国心はすごいと思いました。

ロシアは、西暦2000年から、プーチンが大統領になって自立経済、アウタルキーでやっていけるように、着々と準備してきました。この時からのプーチンの深慮遠謀《しんりょえんぼう》たるやもの凄《すご》いものです。外国から高級品なんか輸入しなくてもいい。チーズや野菜、薬品だろ

うが、必需品はすべてロシア国内で作ると。アウタルキー、あるいはオートノミーが出来あがっています。

中国もそうです。わざと外国貿易を一所懸命にやって、輸出だけでなく外国から高級品を買うふりをしてきました。

孫崎　今、アメリカやEUは、ロシア産の原油を買わないという経済制裁をしています。その分をインドと中国が大量に買っているので、西側の主要国がいくら圧力をかけても効力がありません。

IEA（国際エネルギー機関）によると、2022年5月のロシア産の原油・石油製品の輸出量が、結果として増えています。前年比で、アメリカ、イギリスへは日産60万バレル、日本などアジア先進国向けが40万バレル減らした。それに対して、インド向け80万バレル、中国へ40万バレル、トルコへ10万バレル増やしています。

ロシアの石油収入は去年（2021年）と今年（2022年）の4月を比べて、4割増えているようです。

副島　3カ月で13兆円というのですから、1000億ドルですね。ウクライナ戦争が起きてもロシアの収入は減っていません。

孫崎　経済制裁によって、ロシア人たちは、これから自国経済に大きな影響が出るのでは、と心配しました。しかし、いまは、そう考えなくなっています。

今回のウクライナ戦争で、結局、ロシアに制裁を科すことで困っているのは、西側Ｇ７の方です。Ｇ７は、かえって自分たちの経済が苦しくなって来ている。一方、制裁を受ける立場のロシアは、そんなに実害がない。

金融の分野でも、ロシアは制裁の打撃を受けないような体制にしつつあります。だから、金融でのアメリカ支配がこれから崩れていく出発点になるかもしれませんね。副島さんは、どのようにお考えですか。


副島　まさしくその通りです。ロシアを金融面から計画的に締め上げて、プーチン体制を崩壊させようと、綿密に準備した上で実行しました。しかし、どうやら失敗しました。

西側は、ロシアへの経済制裁《エコノミック・サンクション》として、ロシアの全ての銀行の決済口座を、ＳＷＩＦＴ（スウィフト）という、国際電子決済制度から追放して、使わせなくしました。これに対抗して、ロシアは急いでＣＩＰＳ（シープス）という中国の人民元の国際決済システムで資金の決済をすることにしました。これで世界の脱ドル化が一気に進みました。

ドイツをはじめヨーロッパの多くの国は、ロシアからの天然ガスが来ないと、この冬を乗り切ることが出来ません。アメリカが、ロシアから天然ガスを買うな、経済制裁に従え、と命じることに、ドイツ国民は怒り出しています。

抗議デモがすごいようです。日本のメディアは一切、報道しません。天然資源のエネルギーを持っているロシアが勝つか、世界を支配しているアメリカのドル体制が勝つか。〝資源 対《たい》 ドル〟の闘いとなっています。

ロシアを世界の悪者に仕立て上げて、経済制裁と金融決済停止で、世界経済から締め出したつもりが、アメリカは、かえって自分のほうが返り血を浴びて、米ドルの信用の衰退、崩壊につながりそうになって来た。世界各国で、ドル離れが始まっています。

孫崎　なるほど。このウクライナ問題では、G7ではない非G7側は、以前、やられていた自分たちの過去と重ね合わせて見ています。だから、簡単には制裁の方にはいきません。

そして、この非G7グループは我々の想定よりも早く、近い将来、大きな力を持ってくるでしょう。そこが非常に重要なことですね。

副島　重要です。貧乏大国であるインドは、3円、5円のカップラーメンが買えなくなったら国民の下の方が餓死《がし》します。餓死しないために、ひまわり油やパーム油が絶対に必要だ。だが、本当に必要なのは、石油です。

プーチンがインドには石油を国際値段の半値で売っているらしい。プーチンとモディだけの秘密の合意で出来ている。インド洋を航行している原油タンカーが、スパイ衛星の画像からすーっと消えるようにしてインドの港に入っている。アメリカはこのことを知っていてインドを憎んでいますが、公然とは非難しません。

インドが決定的にロシア側に付くことを、アメリカ政府は恐れているからです。インドは、絶対に西側にひっくり返りません。

バイデン政権は、ウクライナ戦争より前に、このひまわり油、パーム油市場《オイル》に介入して、インド民衆に暴動《ライオット》を起こさせ、モディ政権を予《あらかじ》め倒しておこうとしていた。しかし失敗しました。

世界の歴史を変えたG20の衝撃

副島　２０２２年4月20日、Ｇ20（20カ国・地域）の財務相・中央総裁会議が米ワシントンで開かれた。ロシアのウクライナ侵攻に反対して、オンラインで参加していたロシアの代表が発言を始めたときに、西洋白人たちが抗議の退席、ウォークアウト walkout をしました。

孫崎　あれは異例な事態でした。ロシアのシルアノフ財務相が見解を述べているのに、アメリカとイギリス、カナダの代表が退席したのです。普通こうした会合は波風を立てることなく、つつがなく終わるのに、共同宣言も出しませんでした。

副島　あのときに、日本の鈴木俊一《すずきしゅんいち》財務相と黒田東彦《くろだはるひこ》日銀総裁は立ち上がらなかった。黙って席でじっとしていました。あれは画期的だった。

私は鈴木財務相と黒田日銀総裁を「偉い」とおおいに褒《ほ》めました。彼らはロシアへの非難声明だけは出しましたが、立ち上がらなかった。立たなかったことで、日本の気持ちが、アジア側（非西洋側）、アフリカ側に付いたと気づかれたはずです。

あそこで世界史の中での日本の位置が決まった。おそらく、あの時、世界の歴史が変わったのです。

孫崎　アメリカとイギリスが退席したのに、退席しないのは、両国に逆らっているわけです。要するに、ロシアを非難しないということが、あそこでの全体の流れだった。アメリカとイギリスに反抗したことが大きいですね。

副島　本当にそうです。日本を除くG7の先進国（イギリス、アメリカ、フランス、ドイツ、イタリア、カナダ）と、オーストラリアが、西側白人国です。

G20の残りの「G13」が新興国で、日本を含めて、白人国ではない、有色人種の国です。ロシアもユーラシアン（Eurasian　アジア人の血が入った白人）ですし、中国も新興国の勢力に入ります。

いま、「ザ・ウエスト、the West 対《たい》ザ・レスト the rest（残りの全部）」という言い方もあります。日本をはじめ有色人種国が退席しなかったことは、世界の重心が、ザ・ウエストからザ・レストへと移行するターニングポイントとなる。大きな事件でした。鈴木財務相と黒田日銀総裁は、残りの国、ザ・レストの皆さんと、目付きだけで示し合わせたと思います。

孫崎　これから、この2人はどうなりますか。

副島　嫌われるんじゃないですか。西側同盟から（笑）。

孫崎　黒田さんに対する風当たりは、国内でも強いですよね。

副島　強いです。しかし、黒田総裁は負けていません。10年前、2012年12月に、第2次安倍政権ができて、翌2013年4月に、黒田さんが日銀総裁になりました。異次元緩和《いじげんかんわ》、つまり、どれだけでも日本国債を出して、じゃぶじゃぶお札《さつ》を刷る。財務省の借金を日銀が引き受ける、と自分で言いました。

当時、私は、「日本海軍の連合艦隊司令長官だった山本五十六《やまもといそろく》のように、最後は自殺する気だ」と書きました。

しかし、その後、私は黒田東彦に対する評価を大きく変えました。黒田は、徹底的に己《おのれ》を殺して用意周到に、日本国を守っている。

一方、鈴木俊一のお父さんは鈴木善幸《ぜんこう》です。鈴木善幸は、岩手県の網元《あみもと》の家に生まれ、

ウォークアウトしなかった黒田東彦と鈴木俊一は偉い

黒田東彦日銀総裁（左）と鈴木俊一財務相

2022年４月20日、G20の財務相・中央銀行総裁会議で、ロシア代表の発言が始まると、西欧白人たちが抗議の退席（ウォークアウト）をした。この時、日本の黒田春彦《はるひこ》と鈴木俊一は席を立たなかった。日本は非《ひ》白人国（反《はん》G7）の側に付いたのだ。

戦後、初めは日本社会党から出馬した。魚屋さんと呼ばれて、全国の漁連《ぎょれん》を代表していた。我慢に我慢を重ねて総理大臣にまでなった。鈴木俊一は、父の善幸由来の宏池会《こうち》（岸田派）ですし、父親譲りの我慢するという、政治家としていちばん大事な資質を持っています。

崩れていくアメリカの一極支配

孫崎　これまで世界の金融を取り仕切ってきたのはアメリカです。G20財務相・中央銀行総裁会議は、アメリカの描いた筋書きで進行してきました。

アメリカはこの会議で、対ロシア制裁の強化を図りました。G20の中で、対ロ制裁に加わったのが、G7の7カ国とオーストラリア、韓国です。

それに対して、制裁をしていない国は、アルゼンチン、トルコ、ブラジル、インド、インドネシア、サウジアラビア、中国など約半数です。

つまり、アメリカが対ロシア制裁の強化を訴えても、多くの国が同調しませんでした。

副島　中国の習近平国家主席も、インドのナレンドラ・モディ首相も、サウジアラビアのムハンマド（ビン・サルマーン）王太子も、それとなくロシアを応援しています。

孫崎　ということは、結局、ロシアをやっつけるという行動が、多くの国のプラスになるかというと、プラスになっていない。今後は、副島さんが言われるザ・レスト、残りの国々の方が一段と勢力を強めることになるでしょう。アメリカの一極支配が崩れていくということですね。

副島　そうです。私の夢と希望もそちらにあります。３月２日、国連総会でのロシア軍の即時撤退を求める非難決議では、反対は、ロシア、ベラルーシ、北朝鮮、シリア、エリトリアの５カ国だけでした。

中国、インドをはじめ、アラブ首長国（UAE《ユーエイイー》）、イラン、イラク、ベトナム、南アフリカを含むアフリカの半数の国など、35カ国が棄権しました（賛成は１４１カ国）。

中南米のメキシコとブラジルは、４月７日の国連人権理事会のロシアの理事国停止決議では棄権しました。これは前述したブチャの虐殺への決議です。この国連総会の決議では、英米側に付いたのは、92カ国で、残りの１００カ国（アフリカ54カ国がすべてこっち側）は、反対、棄権、そして欠席でした。この時も、「西洋白人がやることは、あんまりだ」と、世界がここで重心を移しました。

アメリカとイギリスが主導するロシアを非難してウクライナを支援するという「世界の意思」は、もろくも崩れました。

孫崎　G20で議長国を務めるインドネシアのジョコ・ウィドド大統領がすごいことを言い

ました。次回11月のG20首脳会議（バリ島）に、ゼレンスキー大統領とプーチン大統領の双方を招待する、と（注：プーチン大統領は不参加）。
プーチンを排除しようとするバイデン米大統領の圧力に抵抗しているのです。
副島　プーチンは危ないので、バリ島まで来ない。それに加えて、クアッド　QUAD（日米豪印4カ国の軍事協力枠組み）も実質、潰《つぶ》れました。バイデンの訪日に合わせて、5月23日、クアッドの首脳会議が東京で開かれた。このときの共同声明にロシアの非難決議は盛り込めなかった。インドのモディがグズグズと反対しましたから。
3月19日、アメリカの命令で、岸田文雄首相がインドのモディに会いに行かされました「モディがあまりにもロシア寄りになるのを少し引きはがしてこい」と、バイデンが命令した。岸田は、「今後5年間で、日本が5兆円投資するから」とインドを引き寄せた。モディは、余裕しゃくしゃくで、日本に支援のお金を約束させただけでした。モディは大人ですから、ニコニコしてロシアともアメリカとも表面立って喧嘩《けんか》なんかしません。
孫崎　モディを含めて、中国、インド、ブラジル、インドネシアなど非G7の主要国は、もはやG7の時代ではない、G7に従う必要はない、と考え始めています。
副島　その次に作ったIPEF（アイペフ。インド太平洋経済枠組み）も壊れています。IPEFは2021年10月、バイデンが「中国包囲網」を目的に作りました。TPP（環太平洋パートナーシップ）に代わる経済協力の枠組みです。私には、バカみたいな動きにしか思えません。

オーストラリアは、5月に政権交代をしました。アンソニー・アルバニージー首相は、労働党左派の貧乏人の出です。オーストラリアには、中国人が1割いる。中国人にオーストラリアの国籍までは与えませんが、グリーンカード（永住権）は与えています。

ですから、オーストラリアも中国包囲網に簡単に加わらなくなるでしょう。各国それぞれの事情があり、「ロシアの次は、中国を追い詰める」というアメリカの思う通りにいくはずがない。

G20の期間中、シンガポールのリー・シェンロン首相が、日経新聞の主催の会議に呼ばれて来日していた。帰り際、空港で、インドのモディ首相と、リー・シェンロンはコソコソと話し込んだようだ。

「インドの印僑《いんきょう》と、シンガポールの華僑《かきょう》（オーバーシーズ・チャイニーズ）同士が組んで、東アジアの商売（経済）を動かしていこう」と話したようです。日本はこの後《あと》を付いていけばいい。私はこれで十分だと思います。

アメリカがすべて正しいのか

孫崎　ソ連が崩壊したあと、アメリカの一極支配になりました。すべての国がアメリカの命令に従うことになったのです。

よく同盟国と言います。では、同盟国とは、いったい何か。アメリカの政治学者のグレアム・アリソン（1940年―。ハーヴァード大学ケネディスクール元学長）が述べています。アリソンは、クリントン政権時の政策担当国防次官補で、対ロシア政策を担当していました。アリソンは、2020年の「フォーリン・アフェアーズ」（アメリカのCFR《シーエフアール》外交問題評議会が発行する外交専門誌）に、「かつて勢力圏というものがあった。この勢力圏の中の人は、すべて親分の言うことを聞く、これが勢力圏だ」と書いています。

日本の多くの国民は、日米は対等だというイメージを持っています。しかし、ケネディスクールのトップでアメリカ政治の中枢にいたアリソンは、「対等というものはない。対等であるはずがない」と言い切っている。

アメリカの考えることがすべて正しく、他の国はそれに従うだけです。もし従わなかったら、経済制裁、もしくは体制崩壊、変革（レジーム・チェインジ）まですると言っているわけです。

副島　私は、この30年間、「世界は、帝国―属国の関係で出来ている」と唱えてきました。人類史（世界史）は、常に大きな国、帝国《エムパイア》、覇権国（ヘジェモニック・ステイト hegemonic state）と、その周囲にある属国群から成り立っている。属国群は、従属国たちで、トリビュータリー・ステイツ tributary states 、朝貢国《ちょうこうこく》です。藩国《はんこく》、プロテクタラット protectorate、保護国とも言います。

日本は、77年前の敗戦の後、占領されて、今もずっとアメリカ帝国の家来、子分、属国です。ウクライナも同様です、同じルーシ Rusi（ロシア人）としてロシア帝国の周辺国、属国として生きて来ました。ところが、ウクライナを西側が唆《そそのか》して、「西側の自由な国に入れてやる」と煽動した。これでウクライナ戦争になった。

日本は、そろそろアメリカの言いなりになっているのを、やめなければいけない。少しずつ中立国（ノン・アラインメント a non-alignment 非同盟国）として、上手に注意深く、独立国（主権国家《ソブリーン・ステイト》）にならないといけない、というのが、長年の私の主張です。

孫崎　トランプ政権の時、国家安全保障問題担当の補佐官だったジョン・ボルトンが、「国際法というのは意味がない。国際法よりもアメリカの国内法が強い」ということを発言しました。

国際法違反だといってもそれを処罰するものがありません。誰かが罪を犯したら、処罰して監獄へ入れ、場合によっては、死刑にします。

そういう権力が付属してないものは法体系ではない。アメリカの国内法が一番大切で、その他のものは意味がない、と言うのです。私は、ボルトンは頭が狂っていると思いました。

副島 オランダのハーグに、ICC国際刑事裁判所（インターナショナル・クリミナル・コート）という組織があります。元は国際刑事司法裁判所と言っていましたが、司法《ジャスティス》が取れました。

西側にとって、「戦争犯罪人」であるプーチンは、国際司法裁判所ICJ《アイシージェイ》（インターナショナル・コート・オブ・ジャスティス）ではなくて、国際刑事裁判所が裁こうとしている。このICCは評判の悪い世界組織で、ヨーロッパ人、とくに東ヨーロッパの人たちはICCに憎しみを持っています。

なぜなら、前の方で説明したとおり、「ブチャの虐殺の捏造《ねつぞう》」のようなことばかりして来ました。小さな国が主張する正義《ジャスティス》を踏みにじることばかりして来た。大国（帝国）の言うことが、正義だ。愚劣な国際機関です。だから、私はここに小型核爆弾を落とせ、と言うのです。彼らは自分たちがやることが国際法（インターナショナル・ラー）だと思い込んでいる。

孫崎　私は、「なぜアメリカが、イラクやアフガニスタンで一般市民を殺害している問題をみなが無視しているのか」という趣旨を、ツイートしました。

そしたら、「2002年のICCに対するアメリカの法律を読め」という返信が来ました。2002年のアメリカの議会決議です。

そこには、ICCは裁判所の構成から言って、必ずしも公平が担保できない。したがって、アメリカはそれに従うつもりはない。それだけではなく、もしアメリカ人が国際刑事裁判所に捕まったら、武力を使って取り戻しにいく、と書いていたのです。

だから国際刑事裁判所があっても、アメリカには関係がない。しかし、アメリカ以外の国の人間をやっつけるためには使う、ということです。その考え方は今日まで続いています。

アメリカが、イラク戦争やアフガニスタン戦争で一般市民を殺害している問題を日本は無視して、何も騒ぎません。アメリカが関与したものには騒がずに。アメリカが関与しない、アメリカに敵対的なものであったら騒ぐのです。

国際秩序と世界政治の真相

孫崎　ウィキペディアで国際刑事裁判所を検索すると、その経緯が出ています。今の国際秩序はダブル・スタンダードなのではなくて、国際秩序、その上にアメリカがあります。国際秩序とは、アメリカに隷属するための規定で、アメリカは国際秩序とは関係がありません。こういう構図なのです。

副島　かつては世界戦争にならないように、歯止めをするシステムがありましたね。

孫崎　その考え方の中心にいるのが、キッシンジャーです。核を持っていたら、他の国が攻撃をしてきます。他の国が首脳を殺害したり、体制変更《レジーム・チェインジ》しようとします。アメリカは、かつては世界戦争にならないように自制して国際秩序を保っていました。だが、いまでは、「やるならやってみろ」というところまで来ました。

副島　9月30日、プーチンが、ウクライナの東部と南部の4州を併合しました。それぞれが自治共和国（これがロシアには83個もある）を名乗ります。これに対し、10月12日の国連総会で、非難決議があって、143カ国が賛成。中国やインドの35カ国が棄権しました。反対はロシア他4カ国です。

このような国連総会でのロシア非難決議は4つ目です。しかし、これは何の実行力（強制力、軍事行動）を伴うものではなく、努力目標のようなものです。いわゆる最後通牒《つうちょう》（アルティメイタム　ultimatum）ではありません。

最後通牒（通告）であるなら、「この国際社会の命令に従わないときには、国連憲章第48条を適用して、直接の軍事力（これがPKO。ピース・キーピング・オペレイション。平和維持活動。強制執行）で排除する」となります。

国連憲章の第48条は、「国際（国と国の関係のこと）の平和及び安全の維持のための安全保障理事会の決定を履行するのに必要な行動は、安全保障理事会が定めるところに従って……とられる」と書いてあります。この強制力（軍事力）を行使するのは、実際上、安保理の5カ国の常任理事国である大国（強国、列強《れっきょう》）のアメリカ、イギリス、フランス、ロシア、中国です。

私の先生の小室直樹《こむろなおき》（1932―2010年）は、「国連の本質は、剥《む》き出しの列強政治、ネイキッド・パウワズ・ポリティックス naked powers politics だ」と書きました。「大国だけが世界政治を決める。それをみんなで決める、という勘違いを日本人はするな」と言うのです。

世界は、帝国、列強（powers　パウアズ）の指導者たちだけが、世界の運命を決めることが出来る。『戦争と国際法を知らない日本人へ』(小室直樹著、徳間書店、2022年2月刊)という復刊本がウクライナ戦争の直前に出ました。

孫崎 今、国連改革が叫ばれています。その流れは、「ロシア、中国は我々の言うことを聞かない。だから彼らの国連内の発言力を弱めるようにしよう」というものです。

私は、この流れに反対します。中国、ロシアが異なった考えを持つと認識するなら、それを排除する国際秩序を作るのではなく、妥協点を探すための組織にするという哲学を持つべきではないでしょうか。

副島 1931年9月18日、満州事変が始まりました。「日中15年戦争」の始まりです。そのとき、国際連盟は、「日本は満州から出て行け。戦争をやめろ」と決議した。しかし、大国のフランス、イギリス、アメリカには、軍隊を送る力がありませんでした。国際連盟(The《ザ》 League《リーグ》 of《オブ》 Nations《ネイションズ》)は「仮面をかぶった」大国政治だった。

しかし、戦後に出来た、今の、×国際連合(The《ザ》 United《ユナイテッド》 Nations《ネイションズ》 本当は、〇連合諸国《しょこく》が正しい)は、むき出しの大国政治です。

だから私にとっては、いろんなことが腑《ふ》に落ちます。ただし核戦争問題が出て来ましたので、今も考え込んでいます。

世界経済をリードする中国と新興大国

日中露のオンライン会談で分かったこと

孫崎　先日、中国とロシアと私、日中露の外交専門家がオンライン対談をしました。中国の研究所が主催で、中国側が「やりましょう」と言ってきました。議題は、ウクライナ情勢の分析と、それが極東に与える影響です。

副島　相手はどういう人ですか。

孫崎　中国は清華《せいか》大学の教授です。清華大学だから政府に近く、中国におけるロシア関係のトップにいる人です。ロシアはジャーナリスト的な人です。

気になったのは、中国側の発言です。「今回のウクライナ問題で、日本は敵側に付いてしまった。日本と仲良くして、しっかりと経済サプライチェーンを作ると、かえって我々はおかしなことになる」。こんなことを言っていました。これからの日中関係は厳しい。

副島　そうですね。政治が影響して経済でも世界は2つに分裂して行きますね。

孫崎　もはや中国は幻想を持っていません。「日本は完全にアメリカにやられて、アメリカの言う通りにする。あんな連中と仲良くしても、突然、武器に使われるからと、日本製の部品の中国への提供を止めることになったら、我々のほうが大変だ。だから、もう日本との関係なんか考えるな」ということです。

日本の産業界は、もう少し中国との関係を真剣に考えないと、本当に危なくなってきました。

副島　日本の最大の貿易相手国は中国です。いまや輸出・輸入ともに中国が第1位となっています。2021年の財務省の貿易統計では、中国への輸出は、1635億ドル（輸出全体の21・6％）、輸入は1852億ドル（輸入全体の24・1％）で、輸出は2年連続、輸入は、なんと20年連続して中国が1位です。

日本だけでなく、どこの国もほとんど対中貿易が最大です。ですから、逆に中国から、締め上げられると堪《こた》えますね。

孫崎　だけど、日本はもう信頼できないから、日本とは、あんまり貿易をしてはダメだと言っているのです。中国国内では、こういう議論がかなり展開されていますね。

副島　経済は、実体経済と金融に分かれます。資金の国際決裁とか金融市場においては、中国もまだニューヨークの金融市場に入っています。ドルで決済をしないといけないので、やはり金融は大きくはアメリカに握られています。ロシア側は、この会議で何と言っていましたか。

孫崎　ロシアの人は、ごにょごにょ言って切れ味がありません。やはり切れ味がいいのは中国です。

清華大学は毎年、世界の最高の人物を呼んでシンポジウムをやっています。その人たちが何を言うかは別にして、例えば、キッシンジャーを呼ぶだけではなくて、同時に、フランスの元外務大臣を呼ぶのです。

副島　日本だったら鳩山由紀夫さんですね。

孫崎　そういうことです。キッシンジャーが話すときは、５、６人、世界の首相や閣僚クラスを並べます。キッシンジャーの意見だけを聞くと騙《だま》されるかもしれない。あと何人か別の立場の人をその場に置いておけば、キッシンジャーも自制して、おかしなことを発言できないだろう。こういう深謀遠慮《しんぼうえんりょ》です。

清華大学のシンポジウムは、毎年、このような形で議題を変えて行われています。中国は、世界の最高水準の知識に触れているわけです。

日本の場合は、マイケル・グリーンのような、日本を利用する人のシンポジウムばかりですね。それも日本側は、一方的に意見を聞くだけです。

副島 たしかに、その通りです。日本はもう中国とは比べものにならない程《ほど》、落ちこぼれました。

孫崎 ハーヴァード大学のシンポジウムもそうです。常にトップレベルの人を呼んでいる。だから、学者の認識と官僚の認識に差があまりありません。

日本の場合、政府に呼ばれたとき、学者は用意されたセリフを言い、シャンシャンとまとめる役目です。官僚のほうも学者の使い方がうまい。いい処《ところ》でご馳走《ちそう》すると、学者は舞い上がります。こんな国はあまりないと思います。

購買力平価ベースで中国は世界一

孫崎 アメリカのCIA（中央情報局）は、『ワールド・ファクト・ブック』World fact bookという報告書を出しています。ここで世界情勢の比較をしています。

副島 各国の国勢調査みたいなものですね。『ワールド・アルマナック・アンド・ブック・オブ・ファクツ』World Almanac and book of facts も有ります。

孫崎 はい。CIAは、購買力平価《こうばいりょくへいか》ベースで、各国のGDPを発表しています。これを見ると、世界一は中国で23兆ドル。アメリカは20兆ドルで、中国がアメリカを抜いています。

ロシアとアメリカでは、ロシアのＧＤＰを1とすると、アメリカは5です。5対1の国力差がある国同士が、本気で戦争をしたら、５の国が勝つに決まっています。

今のウクライナ戦争で、ロシアが苦戦するのは当然で、基本的には、ひっくり返せるような力関係ではない。また、アメリカがロシアを追い詰めても、ロシアは弱体化しますが、全体の中でアメリカの地位が上がることはありません。

さらに言うと、Ｇ７（アメリカ、イギリス、フランス、ドイツ、日本、イタリア、カナダ）のトータルと、それ以外の国の全体では、Ｇ7以外の国、すなわち非Ｇ７の方が、今ではもう大きいのです。こういう状況が起きています。

副島　孫崎先生が今言われた購買力平価（パーチェシング・パウア・パリティ　purchasing power parity）は、実質の経済力のことですね。実質的な比較ができるように、各国の物価水準の差を修正したものです。

じつは、ロシアのＧＤＰは、購買力平価で数えなおしたら、８兆８０００億ドルある。アメリカは20兆ドルで、日本は４・９兆ドル。日本国内でだけ、ＧＤＰ５７０兆円ですが、本当は５７０兆円というのはインチキで、もう４００兆円ぐらいでしょう。

購買力平価だと、ロシアは8・8兆ドルあるのですから、韓国やマレーシア程度の新興国と同じというのはウソですね。購買力平価は、簡単に言うと、指数（インデックス）価格です。いま日本でビッグマックは410円。でもアメリカでは、7・0ドル、1ドル140円だとすると980円、2・4倍です。

為替レートが1ドル＝140円の今、本当は1ドル＝58円です。税金とか入れるともっとすごい開きです。優に3倍ぐらいは違う。ですから実質では、1ドル＝50円ぐらいでしょう。東南アジアからの旅行者たちも「日本は安い、安い」と言っています。日本はもう貧乏国です。

ドル覇権の終わりと世界の二分裂

孫崎　日本人の中には、「中国は技術が発達していない。だから彼らはお金を出して技術を買う。場合によっては、盗んでくる」と思い込んでいる人たちがいます。ですが、技術の開発力も、ここ1、2年で、米中で、逆転しているようです。

「科学技術指標」（文部科学省科学技術・学術政策研究所）によると、2021年の自然科学系の学術論文のうち、注目度が最も高い上位1％の論文数で、中国が、アメリカを抜き、世界1位になりました。中国は全論文数や上位10％の論文数でも1位です。かたや日本は、というと、全論文数が5位、上位10％が12位、上位1％が10位で、毎年順位を下げています。

先の私を含めた日中露のオンライン会談で、「経済の武器化」が話題になりました。中国側が、「これから中国は、経済が武器として使われることを頭に置かないといけない」「台湾問題などで、中国は経済を使って攻撃されるだろう」と言うのです。

「それに対して、各国とのサプライチェーンを壊されないように、アメリカからの制裁をいかに切り抜けるかを考えている」とのことです。ですから、中国の脆弱性《ぜいじゃくせい》は比較的に低いでしょう。

順調にいけば、近いうちに、中国がアメリカより圧倒的に強い時代が来ます。そういう情勢だと判断して、東南アジア諸国は中国と連係を始めています。

副島　アメリカは、先ほどの購買力平価（ビッグマック指数）で見ると、本当は3分の1の国力の国です。無理やりＧＤＰをかさ上げして、インチキをしている国です。

今回のウクライナ戦争で分かりました。世界ＧＤＰの3分の2は、非白人国側です。いくらアメリカとヨーロッパが威張っても、購買力平価での国力は、白人国は合計25％しかありません。非白人側の貧乏大国連合（非Ｇ7連合）の方が、60％を超してはるかに上回っている。完全に逆転しています。非白人側の貧乏大国というのは、ブラジルとインドネシア、インド、トルコです。中国、ロシアも非白人連合に入ります。

中国のテレビ番組を見ていると、中国のおばさんたちでも、「ウクライナ戦争で悪いのはアメリカだ」とハッキリと言います。中国の若者たちも気合が入っていて、アメリカに対してカーッとなっています。毎日、ロシア兵が戦車ごと吹っ飛ぶ映像を見て、今の中国は、「もうただでは済まさない」と重低音で怒っています。中国は、アメリカ、ヨーロッパに対して、ジワっと仕掛けますよ。

やはり、ドル覇権（ダラー・ヘジェモニー Dollar hegemony）は終わるでしょう。私は、ただの夢、希望、期待で言ってはいません。

ドル覇権が終わる時に、アメリカの大恐慌突入がなければいけません。いま、世界経済でアメリカが握っているのは、金融だけだ。実体経済（タンジブル・エコノミー tangible economy）、実物資産（タンジブル・アセット tangible asset）ではもう握っていない。アメリカの金融市場が崩れると、ドルの信用が崩れて、最後は、ドルは紙切れとなります。

孫崎　これまで幾度となく述べてきていますが、アメリカを中心として、G7はもはや、経済面では、非G7のトップ7国のGDPの合計より小さくなっています。アメリカが世界を支配する時代は終わりに近付いている。このことを日本人は早く気付くべきです。

第4章

日米外交の正体

外務省と対米追随の戦後史

かつての外務省はアメリカ一辺倒ではなかった

孫崎　外務省は、いまではアメリカ一辺倒になりました。第2次大戦後、一貫してアメリカに追随していたかというと、そうではありません。

1969年に、外務省内部で作られた極秘文書『わが国の外交政策大綱』では、独自路線を追求しています。

我が国、国土の安全にとって、核抑止力などをアメリカに依存するのはしかたがないけれども、原則として我が国の自衛力をもってことに当たる。在日米軍基地は逐次・縮小整理するが、原則として自衛隊がこれを引き継ぐ。これが、その内容です。アメリカ依存を減少させ、自国の防衛力を高めることを原則としていた。この理念と、いまの外務省の方針とはまったく違います。

このころまでは、外務省の中枢で、対米自主《じしゅ》派が一定の勢力を持っていたということです。

私が外務省に入ったのは、1966年です。面白いことに、私が入省したとき、第2次世界大戦時に、アメリカと戦う立場にいた人々がまだ残っていました。1937年から1941年ぐらいの入省の人たちで、当時、50歳ぐらいでした。

副島　戦争真っ盛りの世代ですね。

孫崎　そうです。彼らは、日本がアメリカと戦ったのは悪いことではなかった、と思っていました。「俺たちは嵌《は》められた。アメリカ、何するものぞ」という気概があった。

また、彼らより10歳ほど若い、1948年から1951年の入省組もそうでした。サンフランシスコ講和条約（1951年）が結ばれる前に入った人たちです。当時は、もし物質的な利益を得たければ、アメリカ大使館ででも働けばいいのです。外務省に入っても、経済的にそれほどいいことはありません。

彼らもアメリカ支配から脱し、独自の外交をやりたいと思う自立心を持っていました。

独自外交だった奇跡の短期間

孫崎　日本がアメリカべったりになるのは、いくつかのターニングポイントがあると思います。明確に言うと、1958年の入省組ぐらいから、アメリカとの関係は波風を立てないほうがいい、アメリカに従うことに徹する、という考えが、この年から主流になります。

副島　なるほど。1958年が大事なのですね。日本の国が変わったと。それでは、その8年後の1966年入省の孫崎先生は、同期では異端児なのですね。

孫崎　まあ、そういうことになるでしょうね（笑）。言わせてもらえば、私は、1984年に、『外務省――先輩の苦労をいしずえに』（あいうえお館）という本を書いています。これは、消防官や弁護士、陶芸家など、小・中学生に親の働く姿を教える職業シリーズの一環となる本でした。

人事課に頼まれて書いたので、その頃の私は、外務省の若手を代表し得るとみられていたと思います。1983年に情報調査局の分析課長になっており（40歳）、自他ともに認めるリベラル派でした。

お話ししたように、外務省にナショナリスティックな精神がまだ残っている時期でした。

しかし、1960年前後を境に、基本的に日本はアメリカ追随になったと見ていいでしょう。

副島　昭仁《あきひと》上皇と美智子さまのご成婚が、1959年です。東京オリンピックが1964年。日本が経済成長をさせてもらった頃でした。

孫崎　戦後、日本はアメリカの従属国になったとはいえ、外務省は一貫して無抵抗だったわけではありません。

じつは、70年代半ばから80年代初めのごく短い期間、外務省は独自の外交をしていたことがあります。

影響を与えたのは、ベトナム戦争（1955―1975年）の終結です。ベトナム戦争で敗北したアメリカのリチャード・ニクソン大統領（1913―1994年）は、アジアからの撤退を決めた。ニクソン政権は、アジア人のためにアメリカ人が血を流すのは、バカバカしいと考えた。「日本なんてどうでもいい。好きなことをしろ」という態度でした。そこで外務省は独自に動き始めたのです。

副島　ベトナム戦争は、実質的には、1973年で終わっています。1973年のパリ和平協定で米軍はベトナムから撤退しました。

外務省の組織と日米関係

孫崎　外務省に入ると、語学を習得するために海外の大学に留学します。私も、1968年（25歳）から69年に、ロシア語をモスクワ大学で勉強しました。

外国に留学すると、自分がなにか、何を考えているかを追求せざるを得ません。それぞれ自分の勉強した留学先の国の価値観にものすごく影響されるのです。

かつて、ロシアに留学した人は、ロシアスクール、中国ならば、チャイナスクール、ジャーマンスクールやフレンチスクールという言い方もありました。

ところが、1990年ぐらいから、外務省は猛烈にアメリカ一辺倒になっていきます。その中で、たとえば中国に対する対応は、アメリカの中国政策の延長で決定するようになりました。中国を熟知し、中国の事情をもとに、中国が何を考えているかをスタートに日本の政策を決めるのではありません。

つまりアメリカで勉強したアメリカンスクールが当たり前となり、アメリカこそが良い国だと思い、日米関係を強化することが、日本の国益だという価値観で、いまの日本外交は成り立っています。

昔いた、それぞれの国や地域との関係を良くすることも日本にとって重要だ、と主張する人たちが消滅しました。実質的に、中国スクールが存在しなくなったということです。

副島　このとき、外務省の対米追随派が勝利して、対米自主派が完全敗北したということですね。この１９９０年は、まさしくソビエト崩壊の年であり、東欧諸国が次々と独立を主張した年です。スターリンどころか、レーニンの銅像まで引き倒された時期です。

孫崎　外務省は巨大な組織です。いま、本省には、２８００人の職員が働いています。大臣官房のほか10局３部より成り立ち、５つの地域局（アジア大洋州、北米、中南米、欧州、中東アフリカ）と４つの機能局（経済、国際協力、国際法、領事）に分かれています。

海外には、在外公館として、大使館、総領事館、政府代表部があり、３５００人の職員が勤めています。

副島　私たち普通の国民は、外務省が何をやっているのかほとんど知りません。不思議な気がしますが。在外公館が国と国のお付き合いをしているのでしょうが。

孫崎　このうち一番重要なのが、アメリカとカナダを担当する北米局です。このうち、北米第一課は日米関係全体、北米第二課は経済を担当します。

かつて外務省で重要な役割を果たしていたのは、北米第二課長と日米安保課（日米安全保障条約課）長です。80年代、日米貿易摩擦が懸案《けんあん》でした。その後、日米の経済交渉は外務省の主導ではなくなり、北米第二課の相対的地位は低くなってきています。

日米安保課も同様です。今は、日米地位協定室として独立していますが、昔は、日米地位協定と日米安保は一つの課でした。防衛省が、防衛庁と呼ばれていたころは、日米の安全保障の交渉は、基本的には、外務省の安保課とアメリカの国防省がやっていました。

ところが、防衛庁が防衛省に格上げになり（2007年1月）、アメリカとしては、安全保障の問題を、日本の外務省よりも直接、防衛省と交渉したほうがやりやすいと判断したのでしょう。同じようなフィロソフィーをもつ防衛省と国防省というチャンネルを強めてきた。これに相応して、日米安保課の相対的な重要性も低くなってきました。

普天間《ふてんま》基地から米軍の辺野古《へのこ》への移転に反対した鳩山首相（当時）を首相の座から降ろす方向に、トップから事務方まで一体になって動いたと、ウィキリークスでは書かれていました（2009年6月）。若手グループまでもが、鳩山下ろしに関与したことが示されたのには驚きました。

外務省では、アメリカにとって、日本にとってもいちばん主要な部署に、アメリカの意向を反映できる人物を配置することになっていると思います。

対中国に限らず、対ロシアや中東にしても現地の事情を基礎とした政策が作られなくなりました。アメリカの政策を実施する、対米従属の組織として、アジア大洋州局や欧州局、中東アフリカ局があります。
アメリカに従ってアメリカの政策を実施すればいいわけだから、自分で考えなくてもいいのです。

副島　最近の13年のことでも簡単に言えば、日本の外務省のチャイナ・ロビー（親《しん》中国派）やアジア重視派が排除されて叩《たた》き潰《つぶ》されたということですね。

孫崎　そうです。経済関係では、国益をいちばん主張するのは、通産省、農林省でした。それに対して外務省は、「日米関係が重要だから、もう少しトーンダウンしてほしい」という立場でした。各省庁で役割分担があったと思います。
かつて、関税交渉や自動車交渉など、最前線でアメリカと闘っていたのは通産省でした。日本の産業を育成するためには、アメリカとの摩擦が起きるのは当然だ、アメリカと闘うのが通産官僚だ、という自負が彼らにはあったのです。
しかし、通産省の中にも、いつの間にか対米従属派が主流になります。

副島　まさしく〝異色官僚〟（城山三郎著『官僚たちの夏』1975年刊）と呼ばれた佐橋滋《さはししげる》を頭《かしら》とする通産省の、日本の国益重視派たちの闘いですね。
政治家では、田中角栄でした。佐橋は、初期の日本のコンピュータ産業と半導体の開発で、アメリカのIBMが日本を制圧するのを防ぐために闘いました。1985年の半導体交渉、1995年の自動車交渉までは、日本側が、自前の技術力にモノを言わせてアメリカに必死の抵抗をしましたね。

孫崎　かつて外務省では、条約局が重視されていました。戦後外交は、二国間でさまざまな枠組みを作ります。韓国とは日韓基本条約（1965年）、中国との関係では日中平和友好条約（1978年）、ソ連だったら日ソ共同宣言（1956年）です。

条約を作ることで政策が決まり、あるいは政策を条約に忠実に反映するということで、条約局は戦後の新しい秩序づくりにいちばん重要な役割を果たしていたのです。

外務省の主要な人物は、ある時期、条約局の中心だった人たちです。

外務次官になった人だと、松永信雄《まつながのぶお》さん、栗山尚一《くりやまたかかず》さん、小和田恆《おわだひさし》さん、斎藤邦彦《さいとうくにひこ》さん、柳井俊二《やないしゅんじ》さんが条約局長をしています。その後、外務省の中心は、1993年に作られた総合外交政策局に移行しました。

ニクソンショックとパナマ侵攻が与えた打撃

孫崎　先のベトナム戦争の終結とともに、日本外交にとって大きな事件だったのは、ニクソンショックとパナマ戦争です。

1971年7月15日、突然、アメリカのニクソン大統領の中国訪問が発表されました。このニクソン訪中宣言、ニクソンショックが、外務省に深刻な打撃を与えました。アメリカからの事前通告はなく、外務省もその情報をつかめなかった。

ところが、唯一、ベトナム担当である南東アジア第一課が、「ニクソンが大統領になってベトナム戦争をやめようとしている。ベトナム戦争を止めるためには、アメリカは必ず中国と手を握らなければいけない。ベトナム戦争を止める一環として、中国と手を結び、米中接近が起こる」と警告を発していました。

ところが、在米国《べいこく》大使館や中国担当の中国課は、「そんなバカなことはありえない」と潰してしまったのです。

副島　ニクソンの訪中の発表は、キッシンジャーがこの年（1971年）7月9日に、秘かに周恩来、毛沢東と話を決めて、「中国をアメリカ側に取り込んだ」という大きな世界史の変動があったその6日後です。

キッシンジャーが、当時、世界最先端の軍事用の人工衛星写真の束を見せて、ロシアの戦車隊50個師団が国境線から、いつでも中国に侵攻する証拠を示しながらです。毛沢東は驚いて、アメリカと組むと決めました。

孫崎　1989年12月に起きたパナマ侵攻も同様です。アメリカ軍が、突然、中米パナマに侵攻し、ノリエガ（軍最高司令官）を捕まえ、麻薬の総元締めだ、と人物破壊した事件です。アメリカ軍は、現地で2000人ぐらい殺しました。

当時の坂本重太郎《さかもとじゅうたろう》中南米局長をはじめ、駐《ちゅう》国連日本大使も、「これはとんでもないことだ。こんなことを許したら、国際法も何もない」と、国連でのアメリカへの非難決議に参加しようとします。

ところが、当時の外務次官がこれを潰してしまいます。そのとき言ったのが、「パナマごときで日米関係を壊してたまるか」。それから、すべて「何々のごときで日米関係を壊してたまるか」という言い方が、外務省で定着しました。

副島　ああ、そうだったんですか。なるほど、この時期に、外務省全体の空気（pneuma ニューマ）が変わったのですね。

孫崎　イラク戦争（2003―2011年）は、あの当時、誰が見ても、客観的に情報を集めれば、イラクに大量破壊兵器WMD《ダヴリューエムディー》が無いと分かります。また、戦争になれば混乱します。

では、「大量破壊兵器はない。この戦争でイラクは混乱する」と、そのときの首相に情報をあげても歓迎してくれません。ここでも「イラク戦争ごときで日米関係を壊すな」です。

なぜ、自衛隊はイラクに行ったのか。アメリカに追随するために行ったのです。日本が独自の外交をすることを捨ててしまったら、現地から独自の情報を持ってくる必要性もなくなります。むしろそれは弊害になります。

アメリカと一体になり、アメリカから言われること、アメリカが言いたいことを主張し、省内での力を付けていく。それが、今の外務官僚の行動の基本になっています。

副島　孫崎先生はホントウに、外務省の中で対米自立派として苦労なさったのですね。頭が下がります。

軍事同盟になった日米関係

孫崎　冷戦期の１９７０年代、ソ連はオホーツク海に戦略ミサイルである潜水艦発射弾道ミサイル（ＳＬＢＭ）を搭載する原子力潜水艦を配備し始めます。

ソ連の核兵器が陸にあれば、アメリカはいつでも攻撃できます。しかし、オホーツク海に沈んだ原潜に核を搭載されると、簡単には攻撃できなくなった。

そこで、オホーツク海にいるソ連の核搭載の潜水艦にどのように対抗するかという問題が起きました。そこで、日本の海上自衛隊に、Ｐ３Ｃ《ピーさんシー》対潜哨戒機《たいせんしょうかいき》を持たせることにした。

P3Cの導入決定は1981年です。

アメリカは対ソ戦略の中で、もう一度、日本を使おうと考え始めたわけです。

副島　現在の核戦争の準備のために一番、強力なのは、核搭載した原潜（SLBM）です。それが日本の北のオホーツク海とベーリング海峡に、いつも潜航している。この事実が、ものすごく重要なのですね。

1981年当時、日本は、大平正芳《おおひらまさよし》首相の急死（1980年6月）の後を受けた鈴木善幸《すずきぜんこう》首相（内閣1980年7月〜1982年11月）です。善幸はその年の春に訪米している。その時のアメリカの大統領は、「強いアメリカ」を唱えて、ソ連への対決姿勢を鮮明にしていたロナルド・レーガン（在任1981—1989年）でした。

孫崎　鈴木・レーガン会談後の共同声明に、「同盟」という言葉が盛り込まれました。このとき、総理秘書官として通産官僚の畠山襄《はたけやまのぼる》さんが随行しています。畠山さんは、日本大使公邸での事前協議で、「日米同盟は駄目だ」と言うのです。「日米同盟という言葉を、我々は今まで使っていない。同盟という以上、軍事が入っている。日本が軍事強化することだから、そう簡単に受け入れられない」という主張でした。

それに対して、現地ワシントンや本省の官僚たちが、「同盟には軍事は入っていない」と言うわけです。「同盟という言葉を使うけれども、軍事はたいしたことではない」と。

畠山さんが懸命に食い下がったので、鈴木善幸首相はその意見を聞き容れました。その後、外国プレスとの記者会見の場で、外国人の記者が、「いま、日米同盟を重要だと言われたけれども、当然、その中に軍事が入っているのでしょうね」と問いました。

鈴木善幸首相は、その前日のブリーフィングを踏まえて、「いや、軍事は入っていません」と答えたのです（1981年5月8日）。

副島　通産官僚の畠山襄《のぼる》が偉かったですね。外務省はアメリカに対して腰砕けになっていたのですね。アメリカにとって、日米同盟は軍事同盟を意味します。だから、鈴木首相の「同盟には軍事的同盟は含まない」という発言をそのまま許すわけにはいかなかったでしょう。

孫崎　そうです。その後、日本で、「鈴木善幸さんはバカだ」「日米同盟というのは当然軍事が入っているのに、入ってないと言う。いい加減な首相だ」などと酷評され、鈴木善幸さんは総理の座から追い落とされたのです。

そして次の中曽根内閣（1982年11月－1987年11月）になって、アメリカ一辺倒がものすごく強くなります。日本をアメリカの不沈空母にするという流れになりました。

半導体交渉と自動車交渉の攻防

副島　1980年代の中曽根康弘がまさしく日本のアメリカ追随主義の完成者ですね。中曽根時代の1986年に、日米半導体協定が結ばれます。前年の1985年の半導体交渉のとき、日本は、まだアメリカに負けていない。通産省が辛勝《しんしょう》しています。このとき日本はバブル景気でウハウハと浮かれていました。『ジャパン・アズ・№1』(1979年刊。エズラ・ヴォーゲル著)でおだてられて有頂天でした。

このあと、日本はヒドいことになりました。1990年代に入って、ビル・クリントン政権で日本は〝金融破壊〟されました。

孫崎　たいへん面白いご指摘ですね。たしかに、80年代の一時期、日本の経済官庁はアメリカべったりではありませんでした。

1992年ごろでも、通産官僚の言い分は、「我々はまだアメリカに負ける余裕がある」「アメリカに交渉で負けても、産業界は負けない」というものでした。

副島　そうですね。まだ日本企業の技術力と世界市場での強さがありました。

孫崎　実際、日本は交渉ではアメリカに負けているのです。だけど、なぜ交渉でまだ負けられたかというと、我々官僚は負けても日本企業は勝つ、という信念があったからです。

副島　このあと1995年の日米自動車協議（1996年6月妥結）は、日本はボロ負けです。橋本龍太郎《はしもとりゅうたろう》内閣（1996年1月〜1998年7月）です。表面は自動車交渉でしたが、本当は、アメリカは日本の金融を狙って、奪い取りに来ていました。このことに日本側は気づかなかった。

ＮＨＫが作った『電子立国』が凋落《ちょうらく》して、日本の半導体の開発はこの時から衰退の一途をたどりました。ＮＥＣや日立、東芝もボロ負けです。アメリカのこの時の戦略は、台湾と韓国のメーカーに、アメリカ最先端の半導体技術を渡したことです。それが現在の台湾のＴＳＭＣであり、韓国のサムスンです。日本の電機産業は、それ以来、利益を出せません。

孫崎　その少し前の話です。中国で天安門《てんあんもん》事件が起きたのは、1989年6月でした。民主化を求めた学生や市民を人民解放軍が武力で鎮圧した事件です。

翌7月、フランスでのＧ7で、対中制裁の一つとして、「各国の閣僚は、親善のために中国に行ってはいけない」という合意ができます。その合意を破って中国に行ったのが、宇野宗佑《うのそうすけ》内閣（1989年6月―8月）の自民党幹事長だった橋本龍太郎です。橋本龍太郎は、「これは親善ではない。交渉だ」と言い張りました。

当時、第一勧銀が台湾に支店開設を決めました。それに対して、中国は「それなら北京の支店をつぶす」と脅しをかけていた。それをひっくり返すために、橋本さんは訪中しました。

「西側の閣僚は中国に行かない」という約束を破ったのは、西側では橋本さんが最初です。それ以来、アメリカは「橋本潰し」を考えていたと思います。

副島　橋本内閣は、1998年7月に潰されました。そして2006年に橋本龍太郎は変な死に方をしました。死因は急性腸管虚血《きょけつ》ということになっています。手術も途中でほったらかしにされたようです。

アメリカが仕掛けたノーパンしゃぶしゃぶ事件

孫崎　日米で問題が起きたとき、首相官邸で「どうするか」と協議します。通産官僚が、「日本の国益上、我々はこうやらないといけない」と主導するのです。

副島　しかし、外務省はアメリカに逆らうことはできない、と言うのですか。

孫崎　いや、もっとすごいのです。「そんなことをやると、アメリカが喜ばない」と言った。

副島　相手の意志まで勝手にこちらが理解してあげる、というさらに卑屈な態度になったのですね。孫崎先生は、1991年から2年間、経済企画庁（経企《けいき》庁）に出向なさって政策を立案している（48歳）。このときに、通産省の対米自立派の人たちの動きを察知したのですね。

孫崎　今、経産官僚はアメリカとの連携の最先端を走っています。1992年くらいは、まだ日本の国内はアメリカ一辺倒ではありませんでした。外務官僚は確実にアメリカべったりでしたが、かつての通産官僚は、日本の国益を盾に頑張っていたのです。そこから崩されていきます。

副島　日本側が完全に崩されたのは、いつ頃ですか？

孫崎　やはり1995年、1996年ですね。

副島　自動車交渉の後で1ドル＝100円の円高攻撃をやられた時ですね（1985年9月、プラザ合意）。日本が逆らうと、徹底的に締め上げてやると。あの頃の駐日大使は、外交官出身のマイケル・アマコストでしたね。

孫崎　アマコストさんは、「日本の政治家はもう落ちた。全部我々、アメリカの方に来た。言論人も落ちた。唯一残っているのが官僚だ。この官僚がわけの分からない日本の国益などと言っている。これを潰《つぶ》すべきだ。潰すためには、外から潰さなければいけない」ということを言っていました。

その時に起きたのが、1998年のノーパンしゃぶしゃぶ事件です。ノーパンしゃぶしゃぶ事件から始まって、官僚に対するアメリカからの一斉攻撃が始まりました。

副島 そうでした。〝大蔵落城〟とも言いました。官僚たちのトップの大蔵省官僚を叩き潰しました。若い検察官たちと新聞記者たちが、大蔵省になだれ込みました（1998年1月）。

孫崎 そのとき、官僚つぶしの先頭を走っていたのは、アメリカと関連している人だろう、と私は論文を書いて名前を挙げました。そのうちの1人は、「孫崎はけしからん」と今でもやっています。

副島 私もあのころ保守派の言論雑誌にいろいろ書いています。「週刊現代」の編集者が来て、私にいろいろアメリカの動きの裏のことを聞きたがるのです。私は、「あなたもノーパンしゃぶしゃぶのお店に行っただろう？」と聞きました。

すると彼は、「ええ。政治家と行きました。大蔵官僚とも行きました」と平然と言うのです。テレビ局と出版社、新聞社の政治部記者は黒子です。裏方《うらかた》の人たちだから自分たちは捕まらない。だから「行きましたよ」と平気で言えるのです。

その来店者の名刺リストは、アメリカ大使館からテレビ、新聞、雑誌に送られてきたものでした。その編集者は、「私は、来店者リストの束を持っていますよ」と言っていました。

リストに載っていた大蔵官僚たちは、その後、全員、どこかに飛ばされました。あのとき大蔵省が確実に狙われていた。大蔵省は省庁改革で名称を変更させられ、2001年から「財務省」になりました。

孫崎　大蔵省ですごく偉くなった人がいます。彼が、「私たちが長銀《ちょうぎん》と一対一で話していたら、長銀は潰れなかった」と言うのです。

あのとき、大蔵省内での職員への指示は、複数の会社とであれば一緒に協議をしていい。一対一ではダメだというものでした。一対一でないと重要な情報は聞きだせるはずがありません。もし長銀の本当の情勢を知っていたら、潰れることはなかったというのです。

副島　財務省でアメリカに狙われたのは、長岡實《ながおかみのる》（元事務次官）派と言われていました。長岡實は、1947年入省で三島由紀夫と同期です。長岡實派は、質素で真面目で愛国派です。その人たちが、順番にやられていった。「アメリカの言うことを聞け。逆らう奴は許さない。出世させない」という動きに、以後なりました。このあと、長銀や日債銀などの大銀行の連鎖倒産が起きました（1998年）。

最後の抵抗「樋口レポート」

孫崎　1993年時点でも、日本はまだ全面的には、アメリカに支配されていませんでした。しかし、外務省は、それよりかなり前からダメになっている、そんな感じがします。

副島　ということは、外務省と経産省・大蔵省（財務省）の愛国者たちの連合がまだ闘っていたのですね。

孫崎　そうです。半導体交渉や自動車交渉において、日本のために頑張るのが通産省の主流でした。今はもうそんなことはとてもできません。

副島　経産省も完全にやられましたね。

孫崎　畠山襄《のぼる》さんが、最後まで親分格だったです。しっかりとした人で、最終的には、次官にはならずに、通商審議官で終わります。彼の弟の畠山蕃《しげる》さんは、防衛事務次官になりました。彼が次官だった細川護熙《ほそかわもりひろ》内閣（1993年8月−1994年4月）のときに、防衛問題懇談会による、通称、樋口《ひぐち》レポート「日本の再定義《さいていぎ》と防衛力のあり方」が出されました。

樋口レポートは、日米同盟から国際的協調にシフトするものでした。これを実質的に取り仕切っていたのは畠山 蕃《しげる》さんでした。

副島　細川政権は、なんと38年ぶりに誕生した非《ひ》自民政権でした。愛国派である樋口レポートの最終報告は、次の村山富市《むらやまとみいち》政権時代の1994年8月です。座長の樋口廣太郎《ひろたろう》さんは住友銀行の副頭取を経て、社長としてアサヒビールを立て直した人です。樋口さんが偉かった。しかし、このレポートは7年後に、アメリカに潰されました。

孫崎　そのとき、樋口レポートの中心人物だった畠山蕃《しげる》はがんで亡くなります（1996年6月）。もう1人の中心人物、防衛省の天皇と言われた人も同じく1年ぐらいの間にがんで亡くなっています。2人のキーマンが亡くなっている。不可解ですね。

副島　樋口レポートの骨格は、アジアとの同盟が最優先で、アメリカとの同盟を、その次とした。それでアメリカが怒ったのですよね。

孫崎　そういうことです。

副島　リチャード・アーミテージとマイケル・グリーンが、細川政権を潰せ、自民党を政権に戻せ、と喚《わめ》いていました。あのとき、外務省は栗山尚一《たかかず》さんが動いたのかな？

孫崎　栗山さんは平和主義者です。湾岸戦争（1991年1月―2月）のときに外務事務次官だった栗山さんは、日本が自衛隊をペルシャ湾に出すのに、ものすごく反対していました。

一方、自衛隊派遣支持に回ったのは、北岡伸一《きたおかしんいち》さん（1948年―。東京大学名誉教授）と田中明彦《たなかあきひこ》さん（1954年―。JICA《ジャイカ》　国際協力機構理事長）です。そのとき、サウジアラビアとタイ大使を歴任していた岡崎久彦さんが、「もうこれで日本の世論は結論が出た。なぜなら、北岡さんと田中さんが派遣支持に回ったからだ」と書いたのです。

副島　孫崎先生、こういう話を、今こそ、あなたが日本国民に教えないといけない。「こいつは悪者」とか、「この人はいい人だった」と、単純化し過ぎだ、の批判を覚悟のうえで外務省トップたちがどのように動いたかを、私たちに教えてください。次官や駐米大使をした人たちが、当時、何を言っていたか、外務省の内部の様子がはっきりと見えてきます。私たちが本当に知りたいのは、このことなのです。

孫崎　樋口レポートのときに、外務省から委員に入ったのが大河原良雄《おおかわらよしお》さん（駐米大使）です。そのグループはみんなやられています。みんな1回アウト。だから大河原さんの時代ではない。

その間隙《かんげき》に出てきたのが、岡崎久彦《おかざきひさひこ》さん（1930―2014年）です。岡崎久彦さんが日米外交の中心となりました。岡崎久彦さんの後を継いだのが、谷内正太郎《やちしょうたろう》さん（1944年―。元外務次官）です。内閣に国家安全保障局（現局長は秋葉剛男《あきばたけお》）を作り、初代局長になりました。

副島　お、ついに岡崎さんが登場しました。

孫崎　岡崎久彦さんは1983年、私が情報調査局の分析課長になったとき（40歳）の局長です。岡崎さんは戦略論が大好きでした。局内で、クラウゼヴィッツの戦争論などの勉強会をするのです。

私にとっては、今日何が起こっているかの分析のほうが大切です。私はその勉強会には出ませんでした。通常は、局長に従うのが課長の役目です。まして私は筆頭課長的な立場にいました。

岡崎さんはタカ派で、私はリベラル派です。立場は違いましたが、岡崎さんは、「ちゃんと仕事すればそれでいいんだ」と私を認めてくれていた。ありがたかったと思います。

この情報調査局を作ったのが、先にお話ししたパナマ戦争（１９８９年）やニクソンショック（１９７１年）で重要な情報を潰された坂本重太郎さんです。坂本さんは外務省の中核である官房の総務課長になっていました。

中ソ紛争（１９６９年３月、珍宝島、ダマンスキー島事件）が起きた頃です。一方だけの見方で物事を判断していたのでは、外交政策を間違う恐れがある。外務省の中に客観的にものを見る部署を作ろうとスタートしたのが情報調査局です。

副島　孫崎先生がいた国際情報局は、改組《かいそ》で、今は、総合政策局になっているのですね。そうか。これで私の頭の中がいろいろつながりました。私の嫌いな外務省系の言論人になった人たちの流れが大きく分かりました。

外務省の対米追随派と自主派の対立

尊敬すべき外務省の自主派官僚

孫崎　私は、1991年から2年間、経済企画庁に出向させられました。総合研究開発機構という外郭団体で、新宿の三井ビルにありました。

ちょうど、アジア局長の谷野作太郎《たにのさくたろう》さんが、天皇陛下を中国に行かせようとしていました。私はその時、天皇陛下の訪中に関し、賛成と反対の両論を併記して、報告書を作成しました。

外務省にはいろんな人がいます。「孫崎が酷《ひど》いことをしている。外務省は天皇陛下の訪中を実現させようと一所懸命に頑張っているのに、孫崎があたかも平等のふりをしながら、反対に回っている」と、谷野さんに注進に行った人がいました。

谷野さんから、「孫崎ちょっと来い」と電話がありました。「お前、天皇陛下の訪中に反対のキャンペーンを張っているそうだな」と問われました。「判断は読む人に任せています。足を引っ張っているつもりはありません」と私。
「お前は本当のことを知らないで書いている。俺が何で、今やろうとしているか、知っているか。日本として天皇陛下には、いつか中国に行ってもらわなければいけない。歴史的に必ず、訪中の時期が来る。その時、必ず向こうは何か要求を付けてくる」と谷野さんは言うのです。天安門事件（六四事件。１９８９年６月４日）が起こった直後でした。

副島　ああ、そうか。昭仁《あきひと》天皇と美智子皇后（当時）が、訪中して、冬景色の万里の長城を歩いている記事（１９９２年10月24日）を私は見た記憶があります。あれ、なぜだろう。こんな時期に天皇皇后がまるでお忍び旅行のように中国に行っている。天安門事件からは2年経っていました。
当時の世界の雰囲気では、中国は除《の》け者《もの》にされていました。嫌われ者でした。そこへ日本の天皇が行った、ということは、本当は大変な意味を持っていた。中国の高官たちが口々に、「西側諸国の要人で、あの頃、中国に来た人はいなかった。日本の天皇が来てくれたことで、中国は本当に感謝している」と話すようになりました。10年以上経《た》ってからの話です。

孫崎　あの時、谷野さんは、「今だったら、中国は国際的に孤立しているから、要求はゼ

明仁《あきひと》・美智子天皇夫妻の1992年の訪中は日本の独自外交の成果だ

万里の長城を歩く明仁天皇と美智子皇后（当時）。1992年10月24日。

天安門事件（1989年６月４日）の３年後、西側世界の元首として初めて日本国天皇が中国を訪問した。中国は今もこのことに深く恩義を感じている。谷野作太郎アジア局長（当時）の業績である。この天皇初訪中は、歴史年表に載せないぐらいの秘密扱いである。

写真提供：朝日新聞社

ロだと言うのです。何の条件も突き付けられずに、天皇陛下を送り出せるのは、今しかない。そういう思いで俺はやっているのだ。そんなことも知らないでお前、勝手なことをして、けしからん」と叱《しか》られた。そのとき、この人はすごいなと私は思いました。

エズラ・ヴォーゲルの裏の顔

副島　これも20年以上の前のことです。私は驚いて読んだのですが、朝日新聞にエズラ・ヴォーゲル（１９３０―２０２０年）が、大きな顔写真でインタビューに応じていた。じつに憎々しげに、はっきりと、「アジア派の親分は谷野作太郎だ」と名指しで答えていました。

孫崎　ヴォーゲルは、本当にひどい男です。

副島　そうです。『ジャパン・アズ・ナンバーワン』（１９７９年）を書いた人ですね。しかし、彼の本当の顔はＣＩＡをさらに上から監督する国際情報会議（ＮＩＣ）のメンバーです。

私が尊敬しているチャルマーズ・ジョンソン（１９３１―２０１０年）も学者として超一流なのですが、やっぱり、アメリカの国家目的に貢献するための、ＣＩＡのこの上部研究団体の一員でした。

孫崎　1988年ぐらいに、通産省の畠山襄《のぼる》さんがシカゴのジェトロ（日本貿易振興機構）にいたときの話です。シカゴで、「日本の貿易について」というセミナーが2日間ありました。日米間の貿易不均衡《きんこう》が、外交問題となっていた時期です。

冒頭、畠山さんが、「たしかに日本の対米貿易は、農産品などで不平等なことをしている。しかし工業製品では不平等なことはひとつもしていない」と言ったのです。

それを聞いていたエズラ・ヴォーゲルが、「あいつをいますぐ壇上から降ろせ。あんな間違ったことを言うやつに、講演を続けさせる権利はない」と騒ぎ出したのです。

その場は、主催者が制したのですが、それだけでは終わりませんでした。ヴォーゲルは牛場さんに手紙を書いたのです。

副島　駐米大使だった牛場信彦さんですか。

孫崎　そうです。そのときは、対外経済担当大臣です。牛場さんに、「こんなひどい男がいる。日米関係に好ましくないから、畠山をシカゴのジェトロから外せ」と書き送ったのです。牛場さんは、「何を言ったのか読みたいから、スピーチ原稿を送れ」と冷静に対応しました。それを読んで、「別におかしいことを何も言っていない」と、この件は終わるのです。

日本側がヴォーゲルの意見と違うことを日本側が言おうとすると、引きずり下ろす。ヴォーゲルというやつは、そういう工作もするいやらしい男です。

谷内正太郎とジャパン・ハンドラーズたち

副島　この流れで考えますと。安倍政権で外務次官を務めた谷内《やち》正太郎さんは、やはり悪い人ですか。私の目からは、アメリカの手先代表みたいですが。

孫崎　谷内さんは、どうしようもない、と思った出来事があります。私が教授として防衛大学校にいた時、２００９年より前です。

東京の八王子で、「８大学セミナー」という催しがありました。近隣の東京外語大学や一橋大学、中央大学などで国際関係を勉強している若い人たちが対象のセミナーです。そこに谷内さんが呼ばれて来ていました。彼は学生たちに、「外交は自分が正しいと思っていることをやるところではない。力の強い者につけ」ということを言うのです。

それはないだろうと、私は思いました。これから国際関係の世界で頑張ろうとしている若い人々の前で、「理想主義は言うな。正しいことはするな」と彼は言ったのです。

副島　力のある者に屈服して、いい思いをしろと。

孫崎　そうです。それを言える人間、そこまで出来る人はそういません。学生にまで言うのはありえないと思いましたね。

副島　その露骨なまでの現実主義《リアリズム》は、どういう思想ですか。それが彼の生き方ですね。彼にとって、それは、長年かけて作った人生哲学であり、人生論であり、真理でしょう。大組織にいる人たちにとっては、この考えがトルース truth なのですね。

孫崎　そうかもしれませんね。

副島　谷内正太郎は、第1期安倍政権（2006年9月―2007年9月）の時に出てきて、外務事務次官をしましたので、官僚のトップです。「自由と繁栄の弧《こ》」（ジ・アーク・オブ・フリーダム・プロスペリティ）なるものを作りました。インド太平洋安保《あんぽ》理論を最初に唱えた人です。

元を遡《さかのぼ》れば、おそらく、かつての松岡洋右《まつおかようすけ》外相の「レーベンスラウム」です、ドイツ型の生存圏という思想です。これが日本では、「大東亜共栄圏《だいとうあきょうえいけん》」になりました。谷内正太郎は、この程度の頭脳だろうと、私は思っています。

孫崎　「自由と繁栄の弧」もアメリカに言われた通りのものです。

副島　そうですね。アジア太平洋戦略です。それにインド洋まで付け加えました。簡単にその正体を言えば、「中国包囲網」ですね。

ちなみに、カート・キャンベル（1957年―）。元東アジア・太平洋担当国務次官補）は、アメリカ国家安全保障会議のインド太平洋調整官をまだやっていますね。この5月に、マイケル・グリーン（1961年―）は、オーストラリアのシドニー大学の政治研究所に飛ばされたというのに。キャンベルもネオコン＝ムーニーの一員ですね。

孫崎　グリーンはジョージタウン大学でずっと准教授でした。教授になってないのです。

副島　そうですね。形だけ教授になったようです。グリーンはほとんど日本にいました。横田基地と、都心の青山にある星条旗新聞社のあの建物を行ったり来たりして、日本を操《あやつ》り続けました。

私と弟子たちで「ジャパン・ハンドラーズ」「日本操《あやつ》り対策班」という言葉を作って広めました。皆が使うようになりました。アメリカからはさすがに嫌がられていると思います（笑）。エキスパート（専門家）やハンド（取り扱い者）ならまだいいのですが、ハンドラーズまで言われると、イヤでしょうね。

最近、リチャード・アーミテージ（1945年―。77歳。元国務副長官）が高齢で表に出てこなくなりました。ジョセフ・ナイ（1937年―。ハーバード大学特別功労教授）もいなくなった。彼らナイ・レポートを書いた人たちを見かけなくなりました。

マイケル・グリーンがオーストラリアに行っても、何の力もないでしょうね。マイケル・グリーンは、横須賀の空母ロナルド・レーガンが台湾海峡に出動する、とわざとしゃべった。これは重要な軍事機密ですから、国防総省（ペンタゴン）が怒りました。グリーンにしてみれば、「オレが日本を管理しているんだ」のつもりだったのでしょう。それで、オーストラリアに左遷されました。

このマイケル・グリーンを器用に使ったのは、駐日大使のラーム・エマニュエルです。しかし彼もグリーンを見限りました。エマニュエルは、元シカゴ市長で、その前は、1期目のオバマ政権のときの大統領首席補佐官（2009―2010年）でした。

2022年4月、JICA《ジャイカ》（国際協力機構）の理事長の座が北岡伸一から田中明彦に移りました。北岡と田中はマイケル・グリーンと親分子分の関係で、田中明彦は2020年から三極委員会（トライラテラル・コミッション）のアジア太平洋地域の議長に就任しています。この三極委員会は前身は、デイヴィッド・ロックフェラーと戦略家のズビグネフ・ブレジンスキーが作りました。

ですから、この北岡伸一と田中明彦が、ジャパン・ハンドラーズの現在の日本側の受け皿（カウンターパート）の代表だと、私は断言します。

歴代の外務次官を評価する

副島　孫崎先生は、冷酷な外交の世界で日本国民のために、長年、立派な仕事をされてきました。『戦後史の正体』（創元社、２０１２年刊。69歳）で歴代の総理大臣を、対米追随派と自主派に明確に腑分《ふわ》けされました。そこでここで、歴代の外務次官たち外務省トップをバッサリとやっていただけませんか。読者が喜びます。

孫崎　おもしろいですね。やってみましょう。私が本を読んだりしてわかっているのは、50年代に次官になられた大野勝巳《おおのかつみ》さん（任期１９５７年１月―１９５８年３月）からです。大野勝巳さんは『霞が関外交』（日本経済新聞社、１９７８年刊）という本を書きました。「外交というものをアメリカ追随でいいと思っているのが今の外務省になっている。けれども、けっしてそんなことをやってはいけない」と言っていました。対米《たいべい》自主派です。

60年代半ばの下田武三《しもだたけぞう》さん（任期１９６５年６月―１９６７年４月）から、アメリカ一辺倒になっていきました。下田さんは駐米大使をしました。その次の牛場信彦《うしばのぶひこ》さん（任期１９６７年４月―１９７０年７月）もアメリカべったりの対米追随派です。

牛場さんは、面白い経歴を持っています。戦争中は日独伊の枢軸《すうじく》派（the《ジ》 Axis《アクシス》）でしたが、一転してアメリカ派になります。ナチスに付いていたのに、戦後アメリカに付いても、おかしくないと考えたのでしょう。一番力の強い者に付くという発想です。

法眼晋作《ほうげんしんさく》さん（任期1972年4月—1974年2月）も、基本的に対米一辺倒でした。たいへんなソ連嫌いです。次の東郷文彦《とうごうふみひこ》さん（任期1974年2月—1975年8月）もアメリカべったり。北米局長をやりました。対米追随派です。終戦時の外務大臣の東郷茂徳《しげのり》さんの女婿《じょせい》で、その息子さんが元外交官の東郷和彦《かずひこ》さん（欧州局長）です。

副島　外務省は、敗戦後も10年間、1965年ぐらいまでは、「アメリカなにするものぞ」の気概（根性、ヴァーチュー　virtue）があったのですね。そのあと、アメリカ追随派が台頭した。しかし、1971年から、少しだけ風向きが変わったのは、やはり田中角栄が首相になって（1972年）からですね。アジア重視の姿勢を取るようになりました。

孫崎　アジア局が主体になるのは、1972年、外務省の中でニクソン・ショックがあったあとです。追随派の東郷文彦さんが次官になりますが、アメリカ派が、一気に力を失います。しばらくアメリカ派が出て来ません。

佐藤正二《さとうしょうじ》さん（任期1975年8月—1981年6月）は中国大使。有田圭輔《ありたけいすけ》さん（任期1977年6月—1979年7月）もアジア局長をしています。アメリカ一辺倒の人ではありません。

高島益郎《たかしまますお》さん（任期1979年7月―1979年7月）、須之部量三《すのべりょうぞう》さん（任期1981年7月―1983年1月）もアジア関係です。高島さんは日中国交正常化交渉のときの条約局長。須之部さんは、インドネシア大使と韓国大使でした。どちらかというとアジア派です。柳谷謙介《やなぎやけんすけ》さん（任期1985年1月―1987年6月）も、どちらかというと中国に強い人です。このころは、外務省はアメリカに追随しない自主路線です。

柳谷さんの一つ前の松永信雄《まつながのぶお》さん（任期1983年1月―1985年1月）は、中曽根政権のときの対米追随派です。そのあと駐米大使をしました。村田良平《むらたりょうへい》さん（任期1987年7月―1989年8月）はドイツ・スクールです。駐米大使、ドイツ大使を歴任しています。「外務省はこんな外務省でいいのか」、という遺言的な本を書いています。村田さんが、自主路線で頑張るという考えの最後の人でした。

副島　そうですか。外務省が再び、アメリカよりもアジアを重視したのは、1993年に、細川護熙の反《はん》自民党の政権ができたからですね。このとき、自民党が権力の座から落ちて下野《げや》しました。しかし、この機運も、3年で終わりました。また自民一党独裁に戻りました。

孫崎　そして、2000年代に入ります。野上義二《のがみよしじ》さん（任期2001年8月―2002年2月）は私と同期です。この時から、外務省は、ますますおかしくなりました。

その前の川島裕《かわしまゆたか》さん（任期1999年8月―2001年8月）たちまでは、次官になるように育てられています。将来のトップになるために、さまざまなことを経験させるのです。

ところが川島裕さんのときに、田中眞紀子《たなかまきこ》事件が起き、川島さんが辞任します。どうせ、次もまた更迭されるからと、いちばん乱暴な野上さんが次官になりました。思いがけない人物が次官になると、人事はすっかり変わります。

竹内行夫《たけうちゆきお》さん（任期2002年2月—2005年1月）、谷内正太郎《やちしょうたろう》さん（任期2005年1月—2008年1月）、藪中三十二《やぶなかみとじ》さん（任期2008年1月—2010年8月）さんたちは良くないですね。安倍政権時の齋木昭隆《さいきあきたか》さん（任期2013年6月—2016年6月）は、鳩山政権のとき、普天間問題でアメリカ側に付きました。

副島　2007年8月に、再び反《はん》自民党の動きが起きて、小沢一郎《おざわいちろう》を中心にして鳩山由紀夫民主党政権が出来ました。1年たらずで日本改革派は終わりました。形だけは民主党政権が、菅直人《かんなおと》と野田佳彦《のだよしひこ》とこのあと3年間有りましたが、実情はヒドいものでした。民主党のくせにどうしようもないアメリカの手先でした。

菅直人はジェラルド・カーティス（名前だけコロンビア大学教授）が操《あやつ》りました。野田佳彦は、統一《ムーニー》教会そのもので話にならない。

そして、安倍晋三の再登場で、安倍〝統一教会〟政権が7年8カ月も続きました。日本の政治は自己変革できずに、アメリカからも離れることができないまま、今に至っています。

アメリカの言いなりにならなかった 外務省・対米自立派の先達

谷野作太郎（1836年—。86歳）

坂本重太郎（1933—2015年）

坂本重太郎はパナマ戦争（1989年）、ニクソン・ショック（ニクソン訪中。1971年）の時、重要情報を知らせたのに対米追随派に潰された。谷野作太郎は外務省チャイナスクール出身で、アジア局長として対米自立派を率いた。

写真提供：朝日新聞社

歴代 外務次官 年表

※は、本文中、孫崎享氏が判定した対米自立派

就任年	日本国首相	外務次官	アメリカ大統領	出来事
1945	鈴木貫太郎（4/7） 東久邇宮稔彦王（8/17） 幣原喜重郎（10/9）	松本俊一（5/13） 河相達夫（9/25） 田尻愛義（10/1） 松嶋鹿夫（10/31）	ハリー・トルーマン（4/12）	ポツダム宣言発表（7/26）
1946	吉田　茂（5/22）	寺崎太郎（5/31）		
1947	片山　哲（5/24）	岡崎勝男（2/4）		
1948	芦田　均（3/10） 吉田　茂（10/15）	吉沢清次郎（1/31） 岡崎勝男（10/20） 太田一郎（12/7）		
1949				
1950				
1951		井口貞夫（1/30）		サンフランシスコ講和条約調印（9/8）
1952		渋沢信一（5/10） 奥村勝蔵（10/17）		
1953			ドワイト・アイゼンハワー（1/20）	
1954	鳩山一郎（12/10）			
1955		門脇季光（3/1）		

1956	石橋湛山（12/23）			
1957	岸 信介（2/25）	**大野勝巳**（1/23）※		
1958		**山田久就**（3/15）		
1959				
1960	池田勇人（7/19）	**武内龍次**（12/27）		
1961			ジョン・F・ケネディ（1/20）	
1962				
1963		**島 重信**（1/18）	リンドン・ジョンソン（11/22）	
1964	佐藤栄作（11/9）	**黄田多喜夫**（5/15）		トンキン湾事件（8/2・米、北ベトナム爆撃8/4）
1965		**下田武三**（6/29）		
1966				
1967		**牛場信彦**（4/14）		
1968				チェコ事件（8/20）
1969			リチャード・ニクソン（1/20）	中ソ国境紛争（3/22〜9/11）
1970		**森 治樹**（7/10）		
1971				中国国連加盟（10/25）
1972	田中角栄（7/7）	**法眼晋作**（4/28）		ニクソン訪中（2/21） ウォーターゲート事件（6/17） 日中国交正常化（9/29）
1973				ベトナム戦争・パリ和平協定（1/27）

就任年	日本国首相	外務次官	アメリカ大統領	出来事
1974	三木武夫（12／9）	東郷文彦（2／19）	ジェラルド・フォード（8／9）	
1975		佐藤正二（8／15）※		
1976	福田赳夫（12／24）			ロッキード事件米上院外交委で表面化（2／4）
1977		有田圭輔（6／28）	ジミー・カーター（1／20）	
1978	大平正芳（12／7）			
1979		高島益郎（7／10）※		
1980	伊東正義（臨時代理）（6／12） 鈴木善幸（7／17）			イラン・イラク戦争始まる（9／22）
1981		須之部量三（7／28）※	ロナルド・レーガン（1／20）	
1982	中曾根康弘（11／27）			
1983		松永信雄（1／28）		
1984				
1985		柳谷謙介（1／29）※		プラザ合意（9／22）
1986				日米半導体協定（9／2）
1987	竹下　登（11／6）	村田良平（7／1）※		
1988				
1989	宇野宗佑（6／3）		ジョージ・H・W・ブッシュ（1／20）	天安門事件（6／4）

※は、本文中、孫崎享氏が判定した対米自立派

	海部俊樹（8/10）	**栗山尚一**（8/18）		ベルリンの壁崩壊（11/9）
1990				東西ドイツ統一（10/3）
1991	宮澤喜一（11/5）	**小和田恆**（8/2）		湾岸戦争（1/17〜2/28） ソビエト連邦崩壊（12/26）
1992				明仁天皇初訪中（10/23）
1993	細川護熙（8/9）	**斎藤邦彦**（8/1）	ビル・クリントン（1/20）	
1994	羽田　孜（4/28） 村山富市（6/30）			
1995		**林　貞行**（8/4）		日米自動車協定（6/28）
1996	橋本龍太郎（1/11）			
1997		**柳井俊二**（7/1）		
1998	小渕恵三（7/30）			ノーパンしゃぶしゃぶ事件（1/18）
1999		**川島　裕**（8/13）		
2000	森　喜朗（4/5）			
2001	小泉純一郎（4/26）	**野上義二**（8/10）	ジョージ・ブッシュ（1/20）	アメリカ同時多発テロ（9/11） アフガニスタン戦争始まる（10/7）
2002		**竹内行夫**（2/19）		
2003				
2004				
2005		**谷内正太郎**（1/4）		

就任年	日本国首相	外務次官	アメリカ大統領	出来事
2006	安倍晋三（9/26）			
2007	福田康夫（9/26）			
2008	麻生太郎（9/24）	薮中三十二（1/17）		
2009	鳩山由紀夫（9/16）		バラク・オバマ（1/20）	
2010	菅 直人（6/8）	佐々江賢一郎（8/20）		
2011	野田佳彦（9/2）			
2012		河相周夫（9/11）		
2013	安倍晋三（12/26）	齋木昭隆（6/28）		
2014				マイダン暴動（2/18） ロシア・クリミア併合（3/18）
2015				第2ミンスク合意（2/11）
2016		杉山晋輔（6/14）		
2017			ドナルド・トランプ（1/20）	
2018		秋葉剛男（1/19）		
2019				
2020	菅 義偉（9/16）			
2021	岸田文雄（10/4）	森 健良（6/22）	ジョー・バイデン（1/20）	
2022				ウクライナ戦争（2/24） 安倍晋三銃撃事件（7/8）

第5章

スパイと日本外交のリアルな話

ロシアとスパイの過酷な世界

スパイの書いた本は国際情勢の把握に役に立つ

孫崎　私は、1993年、『日本外交　現場からの証言』（中公新書、1993年6月刊、2015年に創元社から再刊）を刊行しました。この本で、第2回山本七平賞をもらいました。この時期、山本七平賞を社会科学分野のトップの賞にしていこうという意気込みがありました。

副島　そのとき、先生は何歳でしたか。

孫崎　ちょうど50歳です。刊行直前の5月に、ウズベキスタン大使として赴任していました。書きたかったことを全部表に出したから、私はもうこれ以上書けないだろうと思いました。

副島　あの本には、かなりのことをお書きになりましたね。私は読んで感動しました。外務省にもこれほどの真実が書ける人物がいるものだ、と驚きました。

孫崎　たとえば、真珠湾攻撃です。旧知だったイギリスの情報機関の人に、「私は日本の真珠湾攻撃はアメリカに仕掛けられたものだと思う。そういう本を書こうと思うけど、あんたどう思う？」と聞きました。

チャーチルも日記でそのようなことを書いていました。「悪いのは、どうやらチャーチルとアメリカじゃないか」と。

副島　やっぱり、そうですね。日本を陥れたのは、どうもイギリスです。アメリカよりもイギリスが悪辣《あくらつ》です。チャーチル首相は最悪の人間です。

孫崎　そしたら、彼は、「『イントレピッドと呼ばれた男』という本を読め。お前が言っていることは正しい」と言ったのです。

副島　ウィリアム・スティーブンソンの“A man called Intrepid, 2009”ですね。第2次大戦争中のイギリスのスパイの実話です。

孫崎　そうです。この本に日本に関係する記述があります。暗号名イントレピッド（大胆不敵）というMI６《エムアイシックス》諜報員《ちょうほういん》が、アメリカ国内で、アメリカを対日《たいにち》参戦させるための工作をした。当時、アメリカ国民は参戦に反対していた。その時のイギリスによるアメリカでの世論誘導作戦を、アメリカ大統領ルーズヴェルトは黙って見ていたのです。

副島　この時、ニューヨークで、ＢＳＣ（英国安全保障調整　British Security Co-ordination）というイギリスの秘密諜報機関が動いていました。なんとそこに、ジェームズ・ボンドの「００７」シリーズを書いたイアン・フレミング（１９０８―１９６４年）が、この諜報活動に参加していました。

彼らイギリス諜報部員は、サンフランシスコの日本総領事館にも侵入しています。そういうことがすべて書かれていますね。

孫崎　あれは、すごいオペレーションでした。『チョコレート工場の秘密』（評論社）という児童書の作者、ロアルド・ダール（１９１６―１９９０年）も、第２次世界大戦中、アメリカで活躍したスパイです。ルーズベルトの奥さんのエレノアと仲がよかった人です。スパイが書いた本は、国際情勢の把握に役に立ちます。

副島　スパイ小説の書き手たちは、皆、本当にスパイ（国家の情報部員《インテリジェンス・オフィサー》）だった人たちですからね。

孫崎　この『日本外交　現場からの証言』を山本七平賞に推薦してくれたのは、外務省で情報調査局の上司だった岡崎久彦さんでした。岡崎久彦さんと私とでは、主張はまったく違います。

岡崎久彦さんは、１９８９年11月のベルリンの壁の崩壊を正確に予測していました。彼は、前年の88年に、アメリカでソ連や東欧の外交の権威たちから、東ヨーロッパで動乱が起きる、と教えられました。彼は帰国後、安倍晋太郎外相にそのことを伝えました。

しかし、なかなか動乱が起きない。あちこちの場で触れまわっていた安倍外相は、「大丈夫か？」と岡崎さんに問い質《ただ》したそうです。

ところが、次の年の10月、ベルリンの壁が崩れるという事件が、ついに起きた。そういうことも、この本にぜんぶ書かれています。

その当時、岡崎さんは、「アメリカは我々の同盟国だ。アメリカの動向がわからないで済むわけがない」「アメリカの動向を調べるのに一番いい方法は、研究所（シンクタンク）を回ることだ」と言っていました。

シカゴのランド研究所、ニューヨークに本部がある外交問題評議会（ＣＦＲ《シーエフアール》）、それからワシントンのＣＳＩＳ《サイス》（戦略国際問題研究所）を回るのだと。３つのシンクタンクの意見が違えば、状況はまだ固まっていない。しかし、皆同じことを言っていたら、シグナルが出ている。事態は動く、と岡崎さんは言うのです。

副島　孫崎先生と、岡崎久彦さんは、イデアロゴスの立場は全く異なるのに、優れた外交官だ。情報収集と分析においてイデオロギーに捕らわれずに、冷静に近《きん》未来の予測をするのですね。

命を簡単に捨てるロシア人の不思議

孫崎　私は、1970年代、ソ連の日本大使館で5年間働きました（1976年―1980年）。ソ連で働いた人たちは寿命が短いのです。駐ソ大使もみんな早く亡くなっている。それは相当高いストレスが掛かるからです。私が生き延びたのは、楽観主義だったからでしょう。

副島　孫崎先生の偉さは、その楽観主義ですね。どんなに厳しいところでも、笑って生き延びてこられました。すごいことです。追い詰められても、事態は必ず転換する、と分かっておられたのですね。

孫崎　副島さんが楽観的だというのは正しいです。私はサダム・フセイン政権のときに、ナンバー2としてイラクに赴任しました（1999年、56歳）。そのときも、フセイン政権を100％悪だとは見なさず、私は厳しく対峙《たいじ》しなかった。

私の強みは、ロシア人に対する肌感覚です。ロシア人は必ず、自分が相手とするのは、0点か100点のどちらかの人だと言います。真ん中の中途半端な50点がいちばん悪い敵。50点の人だと裏切る。そこそこの情報を知るいちばん嫌な相手となるのです。

　また、ロシア人は、人を信用できません。自分の奥さんも、子供も信じない。他方、現実が汚ないからこそ、音楽や絵画など美しいものに憧《あこが》れるのもロシア人です。ロシア人ほど美に対する憧憬《しょうけい》が深い人たちはいないと思います。それが、過酷なソ連時代を精神的に生き延びられた理由ではないでしょうか。

副島　そうですか。ロシア人は共産主義体制で、すべてが密告し合う人間関係ですから、自分の本心は絶対に明かさない習性が身に付いたのでしょうね。それでもロシア人は、大《たい》国《こく》の人間たちだから根本のところがおおらかですよね。

　楽観主義に関して言えば、日本が戦争に負けた時、天皇のあの終戦の詔《みことのり》をラジオで聞いて、絶望のあまり腹を切って自決した人や、一家で死んだ人たちがいます。戦後を生き延びたのは、まあ、何とかなるさ、と思った人たちですね。

　ウクライナ戦争では、マリウポリの地底《じぞこ》から這《は》い上がってきたウクライナ正規軍とアゾフ連隊の連中も、じつにいい顔をしていました（5月18日）。幕末の尊王攘夷《そんのうじょうい》の志士、昭和の軍人たちと同じような、死線を超えながら命を惜しまない晴れ晴れとした顔をしていました。

孫崎　なるほど。不思議なのは、ロシア人は死への敷居が低いのです。すぐに、「死んでもいいや」と投げやりになります。

ダメだと分かっていても、平気で身を滅ぼすこともします。家族のことや、長生きしたいとは思わない。ロシア人は簡単に、ピョッとあっちの世界に行きます。

副島　やはり、ある種の達観がある国民ですね。ロシアで一番人気のある政治テレビ番組の司会者のウラジミール・ソロヴィヨフが、「やがて核戦争になっても私たちは、それを恐れない。人間はどうせ死ぬ。私たち（ロシア人）は天国に行くが、あの人たちは……」と言った。このとき、出演していたロシアの一流の言論人たちが、皆で笑いました。これがロシア人ですね。

日本人も、戦争中に、天皇陛下のために死ぬというのは、本気だったと思います。あの10年間くらいは。「わが大君《おおきみ》に召されたる　生命《いのち》　光栄《はえ》ある朝ぼらけ……」ですから。学徒出陣の「出征兵士を送る歌」です。

孫崎　日本の場合は、洗脳されてそう言ったわけですよね。

副島　そうなのです。今のウクライナ人と一緒です。よい言葉で言えば、共同幻想（マス・イルージョン）です。これを悪いコトバに言い換えると、集団発狂状態です。

孫崎　日本人はなかなか1人では死にません。ロシア人は1人でやるのです。1人で一線を簡単に飛び越える。この人生に対する未練のなさは、すごいですよ。

二重スパイにするのがスパイの仕事

孫崎　日本には、世界各地からスパイが来ています。冷戦時代に、イギリスが日本にスパイを送ってきました。この人の一番の仕事は何だと思いますか。

副島　分かりません。

孫崎　スパイを自分の方にひっくり返して協力者にするのが、イギリスのスパイの任務でした。ロシアのスパイを二重スパイにして本国に送り返すのです。日本で政治家や官僚と会って情報を取ることなど、どうでもいいのです。

ロシアのスパイは、アメリカへ行って、アメリカ人をスパイにするのが仕事。アメリカのスパイも、相手国のスパイをひっくり返すのが仕事だったりします。

面白いことに、その頃、私の知り合いのイギリス人の情報部員は、日本で一戸建ての家に住み、「私はスパイだ」と公言していました。いつでも私のところに逃げて来なさい。そしたら私が全部アレンジしてあげます、ということです。

副島　そのイギリスの国家スパイの家が、共産圏のスパイたちがいつでも逃げて来られる避難小屋になっていたわけですね。

孫崎　私はソ連にもいました。ソ連にとって、当然、私は西側《ザ・ウエスト》の敵対する勢力の一員です。私はどれくらい危険な人間かを評価《ヴェリュエイション》されます。

そのとき、実態以上に危険だと思われると、最終的には殺されます。だから、「俺はたいしたことない。あなたたちが警戒するような人間じゃないんだ」と示すことが必要でした。

副島　簡単に言うと、バカのふりをするということでしょうか。

孫崎　バカのふりではありません。自分というものを全部見せる。すべてをさらけ出せば、向こうは、「しょうがないな、この程度か。こいつが街をぐるぐる歩いていたって、そんなに警戒する必要はないな」となります。

隠そうとすると、向こうは、「この人はひょっとして……」と妄想します。最悪のことを考えなくてはいけません。すべてをオープンすることで自分を守るのです。それがソ連にいた5年間の私の生き方だった。ヴェールを張れば張るほど、どこかでやられる可能性があります。

副島　それが自分を守るために、いちばんいい人生戦略だったのですね。

孫崎　そうです。いちばんいい方法です。

副島　スパイの世界は、裏の裏までいくと、最後は裏か表かわからなくなります。いつの間にか裏が表に出ています。

物事は突き詰めると逆転します。シェイクスピアの「マクベス」劇には、「穢《きたな》いはきれい、きれいは穢《きたな》い」faul《ファウル》 is fair《フェア》, fair is faul. という魔女の台詞《せりふ》が出てきます。真理は逆転します。良いものは悪い、悪いものが良いとひっくり返ります。

シェイクスピアはやはり偉い。敵の中にいいものを見つけ、味方の中に愚かなものを見つける。自分の中のダメなところも分かる。逆に敵だからこそ、強大に見えるだけでなく、あいつらも大変なんだろうなあと、理解できます。

大使を狙うハニートラップの罠

孫崎　１９９９年、私がイラン大使として赴任した1カ月後ぐらいのことです（56歳）。ダンスパーティーに呼ばれました。家内も一緒です。

イラク（首都バグダッド）では、礼拝のある金曜日が休みで、その前日はパーティーです。厳格なイスラムの戒律があるはずですが、一歩家に入ると、女性のドレスの露出度がすごいのです。イランで西洋の音楽は禁止されていた時期です。楽団が入り、きれいな女性もたくさんいます。

私は、これは危険だと思い、女性には何の関心もないという態度でダンスに加わらずに、家内と話すだけにしていました。その後、トルコ大使、エジプト大使、スペイン大使も、みんなやられた。このときに出来た女性との関係を暴露すると脅されたのです。

副島　なるほど。ハニートラップだったのですね。

孫崎　トルコ大使は離婚しました。エジプト大使は発覚しましたが、奥さんがそんなことは問題ないと立派だった。わずか3年間ぐらいにいろいろあったわけです。

ですから、私は、少なくとも赴任して半年は静かにしています。この期間は、向こうからは、私という人物のウォッチング期間です。この人は危ないとか、この人は女性に特別の関心があると思わせたらアウト。向こうは攻勢をかけて来ましたね。

副島　どの国でもそうなのですか。

孫崎　どの国でも可能性があります。きれいな女の人が近づいて来ても、じっと我慢するわけです。

副島　大使だけでなく、大企業の赴任社員やNHKの特派員とかもそうですね。中国でもハニートラップでやられます。相手との子供ができると最悪です。

私は日本も京都でそれをやっていると思いますよ。京都の舞妓《まいこ》さん、芸妓さんたちが日本の最強の秘密兵器です（笑）。

孫崎　これは私の職業的秘密です。私の感覚では、ロシアの場合、冷戦時代、ＫＧＢは、毎年、少なくとも日本の外交官３名、ジャーナリスト３名、商社関係者３名をリストアップし、ターゲットとして工作していたと思います。
　この工作を甘く見てはいけません。女性との関係が発覚すると、まれに、「そんなもの気にしない。俺が魅力的な証拠だ」などと開き直る人がいます。これはたいへんな間違いです。ある人をターゲットに決めたら、「この男をやります。いま彼は女性との遊びが激しいから、うまく利用します」という決裁文書を組織として出しているのです。
　かなりの上まで、場合によっては、ＫＧＢ（今はＦＳＢ、連邦保安庁）のトップや閣僚の決裁を取っている可能性もある。そうすると、途中での失敗は許されないのです。エスカレートすると、最後は殺人までいきます。
副島　ただでは済ませないわけですね。弱みを握られた人間は、最後まで狙われますね。
孫崎　そうです。向こうは一度決裁したのですから。

怪しいニューヨークのジェトロ事務所長

孫崎　10年ぐらい前、あるパーティーに行ったら、80歳くらいの日本女性が声をかけて来ました。「孫崎さん、あなた何で生かされているか、分かる?」と聞くのです。驚いている私に、「私の主人はアメリカ人です。孫崎さんは、まだ利用価値があるのですよ」と耳打ちしました。

結局、向こうは、私が日本でどのような役割を果たしているのか、分かっています。そして、私にどのような利用価値があるのかを判断しているのでしょう。アメリカにも、こんなどうしようもない日本になって、本当にいいのか、と考える人がいるのです。

副島 国家情報部員《インテリジェンス・オフィサー》を務める、というのは大変なお仕事ですね。外国の任務地で生き延びようと思ったら、最大限の注意、用心、警戒が必要なのですね。私たち堅気《かたぎ》(一般国民)には計り知れない世界です。

孫崎 経済産業省の官僚の場合は、ジェトロ(JETRO 日本貿易振興機構)のニューヨーク事務所に行くのが一つのステータスになっています。偉くなるステップのようです。しかし、ジェトロは、ものすごく危険なのです。

副島 ああ、そうだ。ジェトロの歴代ニューヨーク事務所長は、必ず秘密結社に入れられて、儀式《ライト》rite に参加させられるようです。儀式に参加すると、もう逃げられませんね。緒方四十郎《おがたしじゅうろう》さんと奥さんの緒方貞子《さだこ》さんが有名です。

私の直感では、スタンリー・キューブリック監督の『アイズ ワイド シャット』(199

９年）に出てくるニューヨークの郊外の大邸宅での秘密結社《ザ・ソサエティ》の集会に、日本の若い政治家や官僚たちも招かれています。あの映画は創りもののフリをしていますが、真実の秘密結社の儀式を描いています。組織を裏切った者は必ず殺されるのでしょう。

孫崎　なるほど。じつは、ジェトロそのものが日本政府のスパイだと言われても、抗弁ができません。アメリカには、国家機密にかかわるスパイ行為を防ぐ「スパイ防止法」があります。大使館員だったら国家レベルが守るのですが、日本のジェトロの職員を、アメリカのスパイ防止法から守ってくれるものは何もないのです。

「あなたがやっている情報収集は、スパイ活動だ。ＦＢＩ（米連邦捜査局）は、スパイとして、あなたを逮捕します」と言われた時に、誰も助けてくれません。

本省に訴えても、「お前が何かおかしなことをやっているのだろう。ちゃんとやればよかったのだ」となるに決まっています。

副島　国家組織というのは冷酷ですね。切り捨てようとする。民間人の情報提供者と、民間企業の社員に扮《ふん》した課報員を、「ノン・オフィシャル・カヴァード」（Non Official Covered）、非公式課報員と言いますね。

正式の外務公務員は、オフィシャル・カヴァーされているので、外交特権で保護《カヴァー》されます。ところが、ＮＯＣ《エヌオウシー》（ノン・オフィシャル・カヴァード）は、まったく保護されません。

孫崎　そうです。情報を取るために、お金を渡すと危険です。ニューヨークのジェトロには、通産省の歴代のトップが出向している。儀式に出ているかはともかく、今まで何人もやられていると思います。脅されて、協力者にさせられると、もう逃げられません。あえて言いますが、ニューヨークのジェトロ事務所長で、極端にアメリカ寄りの人はかなりいます。

また、アメリカで怖いのは、州によって女性の未成年の年齢が違うことです。たとえば、未成年は18歳未満かと思えば、隣の州では19歳未満になっていたりする。18歳だから大丈夫だと思っていると、アラバマ州では捕まります。アメリカは自由な国だと思って、官庁の人や学者が、あまりにもルーズに動いていると思います。

副島　外交官の特権というのは、どれぐらい通用するのですか。

孫崎　ウィーン条約があって、悪いことをしたら、強制送還になります。せいぜい出来ることは強制送還までです。それ以上はしないという約束事です。

副島　好ましからざる人物、ペルソナ・ノン・グラータ　Persona Non Grata　で追放ですね。

孫崎　はい。好ましからざる人物になるだけです。でも、大使館の職員でいなければ捕まえられる。そういう意味で、ジェトロの職員は要注意なのです。

日本外交のリアルと大使のお仕事

イギリス軍ロシア語学校の華麗な同級生たち

孫崎　１９６６年、私は外務省に入省し、イギリス陸軍の学校に行きました（23歳）。「アーミー・スクール・オブ・エデュケーション」といいます。イギリス軍のロシア語学校です。ここで1年間、勉強しました。

副島　戦前の日本で言えば、陸軍士官学校の上の陸軍大学ですか。

孫崎　いいえ、付属のロシア語だけをやるところです。まさに諜報員を作るところです。これがすごかった。

同期生は13人ほどでした。その中の一人は、プリンス・マイケル・オブ・ケントで、ケント公の弟君でした。テニスのウィンブルドン大会のときに、カップを授与するケント公です。

副島　公爵、デュークですね。国王の従妹《いとこ》とか、おじさんとかですね。凄《すご》いですね。

孫崎　そうです。彼の縁で、私はバッキンガム宮殿でのクイーン・マザー（エリザベス皇太后）のパーティーにも呼ばれました。プリンス・マイケルのほかに、イギリスの外務次官や駐米大使、駐EU大使になった男も同期生にいます。

副島　おそらく孫崎先生の、そのアーミー・スクール・オブ・エデュケーションにいたという肩書が、世界水準ですね。このことが、欧米や英連邦《コモンウエルス》などのすべての国で通用している。だから、いざという時には、この金看板《きんかんばん》があるので、日本の外務省でも孫崎先生に手を出せないでしょう。

孫崎　いやいや。それは次官経験者クラスでしょう。アーミー・スクールは紳士の付き合いだから、すごい関係ではありません。

もう1人、私より4歳ぐらい上で、イギリスの外務省から来ていた男がいました。彼は、卒業後、モスクワの駐英大使館に行くことになっていました。荷物をスウェーデンに送り、スウェーデンからモスクワに陸送しようとしたときです。突然、駐ロシア大使から、「お前はロシア語が十分でない」と言われ、モスクワ赴任は取りやめとなった。勤務に適さないというのです。

彼のその後のポストをたどると、南アフリカとか、イギリスから見ると、そんなに素晴らしくはない国を歩いていました。

私が情報調査局の分析課長のときです。イギリスの情報機関とコンタクトを取って情報交換をしに行きました。その時のことです。

相手が、「お前とどうしても会いたいという男がいる」と言うのです。「食事を一緒にしたいと言っているけれども、どうか」と聞かれました。それで、朝食で会うことになり、出てきたのは、なんと彼でした。名刺の肩書は、ＭＩ６《エムアイシックス》人事部副部長でした。

副島　孫崎先生をスカウトに来たんじゃないですか。

孫崎　ハハハ。スカウトではありません。ＭＩ６の人事部副部長というのは、イギリスのスパイの元締めです。

「あんた、左遷されていたじゃないか。ドサ回りをしていたのに、何でこんな偉いポストにいるの？」と私が驚くと、たしかに左遷のスタートは、駐ロシア大使に嫌われたからだ、と言います。

じつは、その駐ロシア大使は、ロシア人秘書との男女関係がバレるのを恐れて、彼がロシア語が出来ないという口実で、彼がモスクワに来るのを止《と》めたのだそうです。その後、秘書との関係が発覚し、その大使の自白でわかった。そうして彼は復活し、その後、ＭＩ６の副長官にまでなりました。

私の長い人生で、付き合いがいちばん長く続いているのは彼とです。彼が日本に来たときに、私の自宅に泊まってもらいました。

副島　ああ、そうですか。やっぱり孫崎先生は、英国の国家スパイの頂点《てっぺん》のMI6《エムアイシックス》とつながっているんだ。私としては、ますます孫崎享を慎重に観察、分析しなければいけなくなりました。朱に交われば赤くなる、ですから（笑）。

日本人は過去の日本を背負っている

孫崎　これもイギリス軍のロシア語学校にいたときのことです。私は特別、国家を背負っているという意識はありませんでした。議論をしていると、「シンガポール皇軍《こうぐん》」のことが話題になるのです。

副島　第2次大戦時の1942年2月、日本陸軍はイギリス軍を破ってシンガポールを占領しました。その際、中国人華僑《かきょう》をたくさん虐殺《ぎゃくさつ》した事件ですね。今も、「血債《けっさい》の塔」という虐殺の記念塔が公園のまん中に建っていますね。

孫崎　このことで言い争いになるわけです。そうすると、相手の男が、「俺は、お前ら日本に虐殺されたあの部隊から出てきたんだ」と言うのです。

副島　天皇陛下の軍隊を「皇軍」といいました。日本軍のことです。シンガポールで、日本軍に反抗して、武装抵抗した中国人たちを２０００人殺しました。シンガポールにいくと、そういう問題が、今もいろいろあります。当時の日本軍票《ぐんぴょう》（紙幣の一種）を振りかざして、今の時価で買い取れ、と言う人たちがいます。

孫崎　その当時、私より8歳上の日本人が、ケンブリッジ大学に行っていました。現地で盲腸になりました。病院にいくと、受付の看護師が、「こんなものは病気じゃない。帰りなさい」と言って受け付けない。

2回か、3回目に病院に行った時、どうしようもなく、「これはそんな簡単なものではない」と強く訴えると、「分かりました」と言って、お腹を温め始めた。盲腸は本来冷やすものです。案の定、盲腸が破裂した。盲腸だけでなく、周りの臓器もダメージを受けて、体重が30キロぐらいまで落ちました。

なぜ、その看護師がそうしたかと言うと、自分の兄弟がシンガポールで日本軍に殺されたと。そのことを引きずっているのです。

多くの日本人は、海外に行けば、日本人というよりも、インターナショナルな人間として自分を評価してくれると思いがちです。そんなことはありません。

日本人は、個人がどうあろうと、日本を背負っている。日本と日本人は、いくら個人でも一体だという気持ちがあります。

副島 いや、孫崎先生、普通の日本人は日本を背負っていません。日本（日の丸）を背負うのには、それなりの能力と自覚が必要です。能力のない方が、人生、楽《らく》です。孫崎先生たちは、自分の運命として、そういうものを背負わないと済まないのです。

世界水準の情報と侵攻事件

孫崎 ある意味、私は世界水準と接しています。私は、ロンドン大学を経て、1968年から1年間、モスクワ大学でロシア語を勉強しました（25歳）。モスクワの在ソビエト大使館勤務となったのは、その翌年です。

モスクワ大学にいた1968年8月、チェコ事件が起きました。チェコスロバキアの民主化を弾圧するために、ソ連軍が軍事侵攻した。ソ連の国内で、多少のおかしなことはあっても、共産主義が絶対だという考えがチェコ事件で崩れていくのです。

副島 そうですねえ。あの時から、日本の岩波・朝日文化人たち左翼が崩壊し始めました。

孫崎 そのとき、まだ、岩波文化人のような人たちが、「ソ連は素晴らしい」と言っているのです。それに代わる見方がまだ出て来ていません。

ロンドン大学には、ポーランドやラトビアから亡命者が来ていました。彼らにとっては、「ソ連が悪い」に決まっています。

モスクワでは、各国の情報機関の人たちが、必死になってソ連の動向を追いかけていました。フランスやアメリカ、イギリス、ドイツなど西側G7の国のメンバーで、週1回集まり、ソ連の内政が、今どうなっているのかを議論して分析をするのです。

副島　そのメンバーは情報機関の人たちだけですか。

孫崎　勉強会に来ていたのはだいたいそうです。私以外全員白人です。私1人がアジア人だから、最初はバカにするのです。なんで1人だけ、変な人間が入って来ているのかと。そのグループで発言する際、彼らよりも水準の高いものでないと仲間に入れてもらえません。

その10年後の1978年に、ソ連によるアフガニスタン侵攻が起こりました（35歳）。この時も、そのグループがまだありました。私はロシア大使館で、政治班の班長のような立場にいました。

他の人はそうでなくても、私はしっかりとしたことを言わないと、「もうあんた来なくていい」という雰囲気になってしまう。少なくとも常に彼らのレベルに合わせる。その当時の人たちの最高の考え方に合わせられなければ、排除されてしまいます。これが、19

79年から1980年にかけてです。

副島 生《なま》の最新情報が飛び交っている世界で、インテリジェンスの外交官たちがやり取りする場所は、戦場《せんじょう》と等しいのでしょうね。私たちには近寄れない世界です。学者やジャーナリストよりも上ですからね。

孫崎 その次に、私は参事官としてイラクに行きました。1986年から1989年です(43~46歳)。このころは、イラン・イラク戦争(1980―1988年)の最中でした。ここ首都バグダッドにも、また同じ勉強会のグループがあったのです。

そのときに、アメリカから来ていたジョセフ・ウィルソンという参事官がいました。

副島 参事官だと、大使の次ですね。

孫崎 そうです。彼の最初の印象は、どうしようもない男でした。カリフォルニアで大学を出て専門はサーフィンだと言うのです。

フランス人の女の子を連れていました。なんでも彼女とは、ゴルフ場で出会ったそうです。「一緒に回ったら、アルバトロスを取った。彼女は私に幸運を持ってくるんだ」と平気で言う。しょうもない次席が来たものだと、私は思いました。

副島 アルバトロスは、パーより3打少ない、パー5だったら、たった2打でホールに球を入れるやつですね。

孫崎　１９８９年、私は在カナダ大使館に赴任します（46歳）。その頃の１９９０年８月、イラク軍が突然、クウェートに侵攻し、湾岸戦争（１９９１年1月―２月）が起きました。

イラクは、アメリカ主導の多国籍軍からの空爆を防ぐために、クウェートに駐在していた外国人を、工場など攻撃目標とされるところに貼り付けます。そうすると、皆、捕まると危ないから現地のアメリカ大使館に逃げて来るのです。

副島　ヒューマン・シールド、人間の盾にされたのですね。バグダッドの重要施設が爆撃されないためでした。

孫崎　そうです。そのとき、アメリカは、外国人が在アメリカ大使館に逃げ込むのを許可しないという命令を出します。

そこで、なんと私のグループ仲間のウィルソンが、イラクの外務大臣のところに行き、自分の首を縄で巻いて、「アメリカ人を攻撃するなら、俺のこの首の縄を引っ張ってからやれ」と必死で訴えたのです。そんな男だとは思っていませんでした。

その12年後の２００３年、アメリカのコリン・パウエル国務長官（当時）が、国連安保理で、イラクは大量破壊兵器ＷＭＤ《ダヴリューエムディー》、つまり核兵器を持っていると演説をします。これが、アメリカがイラク戦争（２００３年3月―２０１１年12月）を始めるきっかけとなりました。

そのときも、ウィルソンが出てきた。「私は（アメリカの外交官だ）ＣＩＡに頼まれて、核兵器を作る際の原料を供給したとされるアフリカの国に視察に行った。絶対にそんなことはなかった」「イラクは核の計器、ＥＲ計器を作っていない」などと真実をニューヨーク・タイムズに書いたのです。

いろんな現地には、そういう情報関係のトップ、最高水準の人たちがいます。私は、自分の知的レベルを、そういう国際的な水準に合わせる努力をしてきました。

副島　それが今日の孫崎享《うける》を作っていると。

孫崎　そうです。日本の社会を相手にしていたのでは、自分という人間の知的水準の確保などおぼつきません。常に、アメリカの情報機関の「フォーリン・アフェアーズ」（アメリカの外交問題評議会ＣＦＲ《シーエフアール》が発行する外交・国際政治雑誌）などの論文をチェックしています。

副島　世界で最高水準の人間は、たとえ国家情報機関の中にいても、自分を見失わない。何が大きな正義《ジャスティス》であるか、の判断をする能力を保持する。それが最高水準を保つのであり、世界人民（人類）のために尽くすことになります。国家や政府としては迷惑《めいわく》でしょうが。

日本外交の現実

孫崎　私はウズベキスタン大使（1993―1996年、50～53歳）を経て、1997年、国際情報局の局長になりました（54歳）。国際情報局の前身は、私が分析課長だった情報調査局です。

国際情報局は、1984年に作られました。当時、外務省をどう改革するか、政治家として責任を持っていたのが参議院の外交部会長だった秦野章《はたのあきら》さんです。秦野さんに、「外交をやるには情報が一番だ」に訴えました。外務省の分析は、どうしても政策を擁護するものになりがちです。それだと国が滅びると思い、独立した分析がしたかったのです。

副島　あー。秦野章は警視総監の時、田中角栄が政治謀略で陥れられた時（1976年）、最後まで角栄を擁護した人です。立派な人物でした。

孫崎　幸い私が局長になった時、情報調査局の坂本重太郎《さかもとじゅうたろう》さん由来の複眼的にものを見る独自外交の伝統がなんとか残っていました。

その後、1999年に着任した駐イラン大使の時（1999―2002年、56～59歳）、イランの外務省に、「私が間に入るから、あなたたちも協力してくれ」と米・イラン関係の仲介を申し出ました。

アメリカとイランの関係がおかしかったら、日本とイランの関係もうまくいきません。米・イラン関係の改善は日本の国益にもなります。

すると、イラクの外務省から、「我が国にとって最大の外交はアメリカとの関係を良くすることだ。外務省の総力を挙げてアメリカとの関係を考えているのに、日本が仲介しますよ、などとおこがましい」とバッサリ蹴《け》られました。

このあと、2000年のアメリカ大統領選挙でジョージ・W・ブッシュが勝ち、2001年に入ったころです。

副島 すぐに「9・11」が起きます。いや、計画的に起こしました。このアメリカ同時多発テロ事件が起きるのは、2001年の9月11日です。ブッシュは大統領になると、8カ月後に戦争を始めた。これをウォー・エコノミー（戦争〝刺激〟経済）と言います。アメリカの不況を、戦争で吹き飛ばす、という国家戦略です。
その年の内の10月には、アフガニスタンに米軍が侵攻した。その1年4カ月後の2003年3月、アメリカはイラクへの侵略戦争に入ります。これでアメリカの経済は持ち直しました。

孫崎 2001年、イラクは、「もしアメリカが一歩でも前向きなことをしたら、我々はそれ以上の対応をする」という外相声明を出しました。ところがアメリカの反応がありません。

ある日、私はイラク外務省から呼ばれた。「あのときは、私たちは日本ごときに頼むことはしないと言ったけれども、アメリカの動きが鈍い。ひとつやってくれないか」とお願いされたのです。

そこで本省に、「アメリカと話をつけに行きたい」と上申したら、「行くな」と止められた。さまざまな手をつくしてアメリカに飛び、私の案を提示しました。けれども、そのときには、すでに流れが変わっていました。

アメリカ側は、「えらくひどい奴が来た」と思ったでしょう。我々がイラクでの戦争の準備をしているときに、わけの分からない同盟国（日本のこと）だという人間が、それもイラク政府と仲介をすると言って。

副島　日本の外務省の主流派の「日米同盟がすべて」という人たちは、そのとき、知らん顔をしていたのですか。

孫崎　私がアメリカに行くのを一所懸命止めていました。外務省に長くいれば、どこを動かせばいいのか分かる。次官よりも権力のある人がいるのです。

アメリカから日本外務省に降りてきた、「イラクと日本が仲良くするな」という命令に逆らい、現場の大使である私は一所懸命に動いていました。

副島　ああ、そうなのだ。日本とイランの仲の良さをテコにして、イラク政府からのシグナル（発信）をアメリカにぶつけることを実行されたのですね。孫崎先生は、初めて自分がなさったイラン大使時代の仕事を、ここで話されましたね。孫崎先生は、日本とイラン、イラクが持つ力を、外交官としてアメリカに正面から物おじせず、ぶつけるという、偉業を実行されたのです。

戦わない屈辱は一時期で終わる

孫崎　それより9年遡《さかのぼ》りますが、1993年に、駐ウズベキスタン大使として赴任する前の話です（50歳）。外務省の紹介で、ウズベキスタンとは、どんな特徴の国なのか、ウズベク人の大学の先生からレクチャーを受けました。

「あなたはこれから2年か3年間、大使としてウズベキスタンにいる間、決して不愉快な思いをすることはありません。常にあなたは大事にされます。しかし、日本にあなたが帰ったら、みんな喜びます」と言うのです。

ウズベキスタンは、中央アジアで唯一の農耕国です。ウズベキスタンの隣は、キルギスいう山の民の国。カザフスタンという草原の国。砂漠の国のタジキスタンがあります。秋、収穫の9月になると、そのすべての隣国が、作物を収奪しにウズベキスタンにやってくるそうです。どうするか。戦うか。戦ったら、大きな勢力差があるので潰《つぶ》されるかもしれない。

だから、敵が来たときは、どんなことがあっても最善のもてなしをし、それで満足して帰ってもらう。それを何年か続けたら、そのうち来なくなる。なぜなら、彼らの国も部族間の争いなどで潰れるからだそうです。

「我々のモットーは外国人が来たら、徹底的にサービスをします。だけどいなくなったら本当に喜びます。これがウズベクです。このことは覚えてください」と念を押されました。

副島　私はカザフスタン（アルマトゥと首都アスタナ）には調査に行きました。しかし、ウズベキスタンには行ったことがありません。ウズベキスタンは、中央アジア5カ国（カザフスタン、ウズベキスタン、キルギス、タジキスタン、トルクメニスタン）の中で、いちばん文化的で立派な国です。サマルカンドから、大帝国を作ったチムールが出てきて、オスマン・トルコを一瞬、崩壊させました（1402年）。

ウズベキスタン（首都タシケント）は、絶対に軍隊を出すという言葉を使わないのですね。ロシアを応援するともあまり言わないですね。義勇軍にも参加しません。

孫崎　そうです。中央アジア5000万人の半分2500万人がウズベク人です。彼らは戦わないのです。そのとき戦わないのは、屈辱かもしれません。

しかし、その屈辱はあるとき終わる。屈辱を撥《は》ね返そうと思って戦ったら、自分たちの国が滅びます。

副島　ウズベクは農業国で定住民の国だから周囲から収奪される。それでも、定住民はやはり豊かなんですね。ウクライナのゼレンスキー大統領に聞かせたい言葉です。なによりも自国民の命を守ることが大事です。

孫崎　日本には平和憲法9条があります。しかし、攻めてこないという前提で議論しています。そうではなく、攻めて来たらどうするかも想定して、平和を考えなければいけません。

ウズベキスタンの日本人墓地

孫崎　日本は戦争をして、旧満州（中国東北部）で抑留者が捕まりました。ソ連の捕虜になり、中央アジアでたくさん死んでいます。ウズベキスタンにも日本人の墓地があります。大きい墓地が3、4カ所ある。ウズベキスタン人の偉いところで、その墓地を整備してずっと守ってきました。

副島　ウズベキスタンまでも抑留者が行っているのですか。ソ連に抑留された日本人49万人のうち、死んだのは5万人と言われています。シベリアを入れてですよ。

孫崎　1500人ぐらいはウズベキスタンで死んでいます。日本人墓地はウズベク人が管理してきました。ソ連の崩壊（1991年）後、貨幣価値が10分の1以下になって貧しくなり、管理する余裕がなくなった。少しずつ荒れ始めた。

私は、せっかく日本人墓地があるのなら、お金を出して整備をしたいと思いました。東京に「墓地を整備したい」と伝えると、厚生省は「日本人墓地を整備するという制度はありません。外国にある骨は、すべて持ち帰ることにしている」と言うのです。

イスラム教では墓を掘ることは禁じられています。墓を掘って骨を持って帰ることは出来ません。もし出来たとしても、日本に持ち帰った骨は無名戦士の墓に入る。みんな一緒になるわけです。こちらは、それぞれに墓があります。

このまま大事に整備するのがいちばんです。再度、東京にお金を出してくれと頼んでも、「そんなものは出せません」と埒《らち》があきません。そんなときに、首都タシケントに大蔵省の偉い人が来たのです。

副島　どなたが来られたのですか。

孫崎　大蔵次官の尾崎護《おざきまもる》さん（1935年―）です。「大使、我々に何か頼むことありますか？」と言われるので、日本人墓地の整備費を出してもらうことをお願いしました。さっそく厚生次官に交渉してくれたのですが、うまくいかない。そこで尾崎さんは、そのためのお金を予備費か何かから捻出《ねんしゅつ》してくれました。

大使はこのような仕事もします。外務省は、そんなことをしろとは言っていません。現地の情勢から、こうしたほうがいいと私は判断したのです。

私は日本人のための仕事をしています。日本人が亡くなって墓地があるならば、きちんと守るべきだと、いろんなところに働きかける。そういう仕事の仕方をしてきました。外務官僚には、おおむね個人プレーの人が多いです。

大使の仕事とは何なのか

副島　大使の仕事の中心は何なのですか。私の勝手な考えでは、日本の企業を自分が大使をやっている国に呼んで工場を作らせ、そこで雇用を生むことではないですか。その国が望んでいる製品を日本企業からの技術で作って欲しいわけですから。

アメリカにも、そういう仕事ばかりやっている州知事や大使がいるんじゃないかと思います。そうでないと利益が生まれない。それはＯＤＡ（政府開発援助）の一種でしょうが、ＯＤＡと言いながら日本企業の売上を作ってあげている。５００台のトラクターの贈与とか。現地にいろんなものを持っていくのを仲介するのが大使のお仕事なのではないかと。これはあまりにもうがった見方ですか。

孫崎　そういう気持ちはあまりないです。個人がやれることは多いのですが、権限がありません。企業のように、これをしたら必ず儲《もう》かるという枠組みがないし、自由にできるお金もありません。

言えるのは、外務省が想定する仕事をすることです。たとえば、経済協力の分野では、ここまでは外務省がやる、ここからは経産省、ここからは財務省だ、となると、外務省というパイの中で仕事をするのが、一般的な大使の仕事だと思います。

副島　お金の話はどうですか。孫崎先生は、お金に清廉潔白《せいれんけっぱく》で生きてこられたから大丈夫だったのでしょう。ここで引っかかった外交官もたくさんいたでしょうね。進出した企業から裏金をもらったとか。

孫崎　私はよくわかりません。昔、岡崎久彦さんが、「フィリピン大使館には行きたくない。フィリピン大使には、なりたくない」と言っていました。かつてフィリピンに、賠償や経済協力などの多額のお金が回っていました。仕事をその中に組み入れられなければ、本省から「お前、何をやっているのか」と言われる可能性があるのです。

副島　だから、インテリである岡崎さんはフィリピンに行きたくなかったんですね。それでタイ大使になったんですね。

日本には戦前から田舎財閥がいます。素封家《そほうか》とも言います。敗戦後に進駐軍（米軍）の便宜《べんぎ》を計って、地方財閥に成り上がった人たちもいる。この地方財閥が、自分の娘を将来有望なエリート官僚と結婚させる。財務官僚や外務官僚と結婚させる。あるいは自民党の政治家になるであろう若手と結婚させます。これが日本の政治の作り方です。

そうした人を私は10人ぐらい知っています。奥様がとにかく金持ちの家です。そうでないと、外交官は公務員だから給料が安い。

孫崎　いや、外務省に関する限り、そんな大金持ちの奥さんと結婚した人はあまりいません。あえて言うと、奥さんのかなりの多くは聖心《せいしん》女子大学出身です。聖心大の比率がものすごく高いです。

副島　美智子上皇后も聖心のご出身ですね。

孫崎　聖心の校風を考えると、ものすごい金持ちが集まっている学校ではなさそうです。面白いのが、外務省にはある時代までは、のちに偉くなるポストは、ひどい国に行くのとセットだという考えがありました。

副島　どういう国ですか。

孫崎　それがまさにベトナムです。ベトナム戦争の頃、ベトナムには最優秀の人が勤務していました。将来、アメリカに行き、偉くなる人だから、他の人よりも厳しい国に行くべきだ。こういう思考があったのです。ところがいつの間にか、優秀な人は先進国を回るようになりました。

重要なのはインテグリティと判断力

孫崎　私は、外交官にとっていちばん大切なのは、インテグリティ（Integrity）、誠実さだと思っています。人物の一貫性、人間として首尾一貫して誠実であること、インテグリティを重視すること。知性にも誠実でなくてはいけません。

日本の外交官は、アメリカに言われて実行するのではなく、自分で正しいと思うことを実施する。これは、元外務次官だった小和田恆《ひさし》さん由来の外務省のあるべき伝統です。

副島　小和田さんは雅子皇后のお父様ですね。国内で悪口ばっかり言われ続けました。国連大使までしかなれなかったですね。

インテグリティは、言っていることが一貫していることです。自分の考えや態度をコロコロ変える人は信用をなくす。自分で自分の値段を低くすると、最終的には誰にも相手にされない人間になりますね。

孫崎　そのとおりです。

副島　孫崎先生は外交の世界の厳しいところを生きて来られました。孫崎先生たちの苦しみは、国益を背負っておられることの苦しさと、内部の争いと、諸外国の情報や知識の分析のところの判断だと思います。

結局、人間の頭の良い悪いは、最後は判断力があるか、ないかです。その判断を大きく間違うかどうかが、ものすごく大事です。これは、その人の生き方そのものに関わります。孫崎先生の『日本外交　現場からの証言』には、ベトナム戦争に関して判断を間違った人、ヨーロッパやソビエト分析で間違った人と、結果的に正しかった人の対比がずっと書かれていました。

ベトナム戦争でも、南ベトナム政府に、ベトナム解放戦線がたくさん潜り込んでいました。そのことも知らないで、「南ベトナム軍はまだまだ強い」とか言っていた人は、1975年に判断を間違って落ちこぼれたわけですね。あとで恥をかいた。やはり外交で重要なのは、判断力があるかどうかだと思います。

孫崎　そうですね。でも、真実を追求すると捨てられるのが、今の外務省です。

第6章

戦争しない国
日本の戦略

日本が戦争しないために出来ること

戦争しないことを最優先にする

孫崎　ウクライナ戦争の本質は、アメリカの兵器 対《たい》 ロシア軍です。戦場はウクライナ、死者が出るのは、ウクライナ人とロシア人という構図です。

私は、最新刊、『平和を創る道の探求』（かもがわ出版、2022年6月刊）で、戦争する（死者を出す）ことに意義があるのか、と問題提起しました。講演会で私は、「あなたがウクライナの大統領だとすると、どういう選択肢がありますか」と質問します。もちろん、ロシアの要求する条件を飲むことは屈辱です。

しかし、その屈辱を飲まなかったとしたら、どうなるのでしょうか。答えは明白です。条件を飲み、停戦したら、国外に600万人もの国民が避難することもなく、ゼレンスキー大統領が言うように1日100人の死者が出ることもない。民間人も巻き込まれません。

ウクライナ国民のために何がいちばんいいかを考えると、戦争をせず、死者を出さないことが最優先です。

副島　直ちに停戦（シース・ファイア）せよ、という考えが正しいです。戦死者と民間人の死者を、とにかくこれ以上出さないことが、すべてに優先します。私も孫崎先生のこの考えに賛成です。ゼレンスキーのようなドウモウな変な男が頭に置かれると、ウクライナ人の悲劇が止《と》めどもなく続く。まったく悲惨な事態です。

孫崎　私は、ロシアの侵攻は避けられたと思います。振り返ると、プーチンの要求は、①ウクライナが自国へのNATOの拡大を求めない、②ロシア系住民が多い東部に「自決権を与えよ」の2つでした。

　ウクライナがNATOに加盟すれば、NATOはロシア向けの中距離・短距離弾道ミサイル（いずれも核弾頭の搭載可能）の配備が可能になる。これをロシアは絶対に許せないので侵攻したのです。ウクライナがNATOに加盟しなければならない絶対的な理由はありません。ロシア軍に侵攻させない措置を取ることは十分、可能でした。

　また、ウクライナの東部2州は、ウクライナ語を母国語とする人口が約3割、ロシア語を母国語とする人口が約7割です。ウクライナ政府が、ウクライナ語を話せない人々を公的職場から排除したために独立運動が起こり、武力衝突にエスカレートしました。ウクライナ政府が、英語とフランス語を公用語とするカナダのように、この地方で2言語の公用語化を認め、同等の対応をしていればよかったのです。

民族の自決権の問題も、国連憲章の第1条に、「諸国間の友好関係は、人民の同権及び自決の尊重に基礎を置く」とあります。各民族に自決権を与えることを尊重するのが基本原則です。このことにもとづくプーチンの要求で、決しておかしなことではない。各大国の思惑は別として そこに住む民族がどのような政権を選択するか、そのことのほうが重要です。

ウクライナ戦争での1日の死者は、ベトナム戦争のいちばんひどいときより多いといわれます。イスラエルのヤイル・ラピド首相もゼレンスキー大統領に停戦を諭《さと》しました。今からでも、ゼレンスキー大統領がこの2つの条件を飲むことは難しいことではありません。大事なのは戦争をしないことです。

副島　まったくその通りです。9月30日に、プーチン大統領は、東部と南部の4州を併合しました。世界からは評判が悪いようです。それでも、この現状でこれからも戦争がズルズルと続くでしょう。

ドイツ人、フランス人など、ヨーロッパ人も、じつは戦争をする気はないらしい。アメリカ国民は、ウクライナ戦争に興味がない、と言う。もう二度と、アメリカの若者が兵隊となって、ヨーロッパに連れて行かれて、たくさん死ぬのはまっぴらだ、と思っている。それでも国家や政府の仕組みが動くと、戦争せざるを得なくなります。しかし、もう人類は戦争というレベルを大きく超《こ》えた気がします。

敗戦後（77年前）に、占領軍である連合国軍《アライド・フォーシス》最高司令官のダグラス・マッカーサー大将と、その部下のハーヴァード大学の法学部を出た者たちが、今の平和憲法を作ってくれた。ありがたいことだと私は思っています。

これをアメリカによる押し付け憲法と言うけれども、私たち日本人は、この憲法にしがみつけばいい。そうしたら戦争しないで済みます。これを守れるかどうかの瀬戸際だと思っています。もう戦争をやめる。これは人類の理想ですから。

孫崎　戦争をやめるならば、どんな問題でも解決の道はあります。「ロシアが悪い。制裁しろ」と言うグループは、そう主張すること自体が憲法の理念を崩しています。憲法擁護の根拠がない。

副島　要は、ロシアの言い分に耳を傾けよ、中国の言い分を少しは聞け、ということですね。戦争はしない。戦争をしないためには、現実でかなりの妥協が必要となります。どこの国とも喧嘩《けんか》をしないで、戦争しないために何をするか、そのための政策提言を考えるべきです。

日本は野党勢力がいくら崩されても、大衆に戦争を嫌う2000万人の反自民党勢力が残っています。

孫崎　いちばんの問題は、リベラル・グループの総崩れですね。憲法9条を守らないといけない、と言った時、外交で解決できるということを、もっと真剣にリベラル・グループは国民に訴えなければいけなかった。それを怠った。

ウクライナ問題を契機に、紛争は外交での和平交渉《ピース・トークス》で解決できることを、まず国民が知ることが大事です。

日本は世界の嵐から身を守れ

副島　そのとおりです。日本は、1992年からずっと、もう30年間も経済衰退が続いています。30年も衰退（デクライン）が続くと、国家としては大変なことです。貧乏国になりつつある。

日本の人口は、1億2600万人です。しかし、本当は毎年100万人ずつ減っています。40歳でも結婚しない男女が山ほどいて、これからも日本人の数はどんどん減ってゆくはずです。あと20年で2000万人減ると思います。

経済学的には人口が減少すると国家衰退します。消費が伸びない。生産活動が落ちる。日本はものすごい勢いで縮小している国だ。１人当たりのＧＤＰでは韓国や台湾にも抜かれつつあります。

それに対して、新興大国のインドネシアの人口は、２億８０００万人です。これからもっと大国になりますね。もう日本は完全にアセアン諸国（10カ国）からも軽視されています。

孫崎　ウズベキスタンにいたとき、元通産官僚が来ました。彼が、「ウズベキスタン国は経済的に自立できない。自立するためには1億人のマーケットが必要だ」と言っていました。逆に言うと、１億人のマーケットがあると、ある程度、経済は回っていくのですね。

副島　そうです。日本は1億２０００万人だからやって来られました。韓国は５１００万人です。それでも経済成長を実現しています。

私は、日本の人口は減るなら減ってもいい、７０００万人ぐらいまで減らして生き延びればいいという考えです。江戸時代は、おおよそ３０００万人でした。日本は鎖国し、表向きは貿易をしなかったので、貧しい国だったと思う。庶民は生きていくのがやっとでした。それでも平和だった。

そういう骨格を理解した上で、日本人は無意識のところで身構えていると思います。大きな嵐が世界で吹き荒れた時、じっと我慢しよう。世界の嵐から身を守り、島国に立てこもり、耐え忍ぶという考え方です。外国に逃げようなどとは思わない。こういう思想を、どこかで国民自身が作ったのではないかと思っています。

こうでも考えなければ、人口を減らして、経済的に衰退しても、それでもかまわないという理由が見つからないのです。

孫崎　もう我々日本は力もないし、海外のことはいいから、自分のことだけを考えて引きこもるのであれば、私はいいと思います。

今のお話で気になるのは、今、ロシアや中国、あるいは朝鮮半島に対して、日本はケンカを売っていますね。負けるのに決まっているので、本当はやるつもりはない。まったく意味のないケンカの仕方です。

副島　そうです。ケンカするふりだけするから、よけいにタチが悪いのです。アメリカに命令されてやっている、ということはミエミエです。

中国の台湾侵攻と日本の有事

孫崎　台湾問題に関して言うと、今のままでは、中国が台湾に侵攻することはありません。新たな行動は取らないと思います。

問題は、アメリカが台湾の独立を助長することです。台湾自ら独立する行動を取らせようと、アメリカは画策しています。これまで、中国本土と台湾は不可分の領土であるという「一つの中国」が米中の合意です。過去の約束事は反故《ほご》になると、最近、保守派のジョン・ボルトンが言い始めています。

副島　台湾が台湾独立という言葉を少しでも使ったら、絶対に中国は許しません。すぐに軍事衝突まで構えます。

台湾には、国民党の、前の馬英九《ばえいきゅう》総統のような親《しん》中国の勢力が、２３００万人の人口の45％います。台湾は、中国の中の台湾省になればいいのです。中国の24番目の省です。

孫子の兵法以来の「戦わずして勝つ」が軍事の基本です。私はその道を中国は選ぶと思います。もし戦えば、台湾はもとより、アメリカも勝てないでしょうね。

孫崎　そうですね。ウクライナ問題と台湾問題は、過去の約束を反故《ほご》にするということで一致します。プーチンは、ウクライナ東部の自決権を認めよと言っている。中国との問題は、台湾の自決権をどうするかという話になっています。論理的に言えば、逆なのです。

事態の展開は、過去の約束を反故にして、台湾の独立を助長させること。ボルトンがやっていることが成功するかどうかにかかっています。

先日、私はネット対談で中国側の元駐日大使に、「台湾が独立するという動きを行う可能性は、何パーセントぐらいありますか」と聞きました。

そうしたら、「台湾が独立するという動きは絶対に許さない。他の国がそれを支援するということも絶対に許さない。これは絶対なんだ」との言葉が返って来ました。ですから台湾人もそんな馬鹿なことはしないと思います。


副島 確かに、ウクライナ人と台湾人は似ています。ウクライナ人はロシア語とほとんど同じ言葉を話しています。台湾人はキレイな中国語、普通語《プートンホワ》を話しています。台湾語、福建語を話している人もまだ少数います。しかし、かつて蔣介石《しょうかいせき》が本土から連れて来た人たちは北京官話《マンダリン》ですから中国人なのです。

台湾で、2022年4月と7月の2回、世論調査がありました。7割近い台湾人が「アメリカ軍が助けに来るとは思わない」と答えました。台湾が自力で戦えるか、という問いには、8割の人が「戦えない」です。

驚いたことに、「日本が助けに来てくれる」と思っている台湾人が4割ほどいるようです。日本人はポカンとして、「行くわけないだろう」と思っていますね。

今回はっきりしました。もし日本に有事が起きても、アメリカは助けに来ません。それどころか、横田と横須賀と佐世保と三沢と岩国基地にいる米軍はまっ先に逃げるでしょう。日米安全保障条約第5条で、アメリカが日本を守るなんて、バカなことを言ってはいけません。

孫崎　アメリカが意図しているのは、自分たちが戦争に行くことはないけれども、できたら日本と中国、日本と台湾と中国で小競り合いを起こしたい。小競り合いを起こして中国が勝つ。このシナリオが出てくることを期待しているのだと思います。

「見ろ、中国が軍事的に弱い者をいじめている」という形で、台湾と日本をいかに中国との小競り合いに参加させるか、に一所懸命になっていると思うのです。

日本は国民も防衛省も日本の国益を考えて動く人たちではありません。アメリカの筋書きで動きます。

アメリカに「中国と対立する形で、どこかで小競り合いを起こせ」と言われたら、喜んで実行する。そういう国に日本はなっています。

私は、台湾が日本をうまく誘導していく危険性があると思います。いちばんのいい例は尖閣《せんかく》諸島の問題です。尖閣諸島は、基本的に対立しない枠組みがきちんと作られている（棚上げ合意。1972年）。棚上げ合意をして、日中漁業協定もあり、紛争にしない枠組みがあります、

今の日本政府と外務省は、そのような枠組みを使おうとしていません。日本の国益を考えずに、ただアメリカにくっついて行こうとする人たちは、日本の防衛省や自民党にもた

くさんいると思っています。だから日本は危ういのです。

アメリカ一辺倒から脱すること

副島　孫崎先生は、これらの領土問題で、言論人として孤軍奮闘しておられる。もっと味方と仲間が増えるといいのですが。アメリカは帝国《エムパイア》ですから、かつては二《に》正面作戦（双面神《そうめんしん》 Janus《ジェイナス》 ヤヌス　作戦）で、2つの戦争を実行できるという基本戦略がありました。ヨーロッパでの戦争をひとつウクライナで作り、さらに東アジア（極東《ファーイースト》）でも中国に台湾で戦争をやらせる計画でした。

ウクライナ戦争を起こしたのは、ビクトリア・ヌーランドと、ジェイク・サリバン（蛇《スネイキー》のジェイク）の極悪コンビです。この最悪の2人が、アジアでも戦争を起こそうとしている。ところが、トニー・ブリンケン国務長官は、「アメリカには、もうそんな余裕はないんだ」と、2人とケンカしながら、バイデンを「大統領、よけいなことを言わないでください」と叱《しか》っているらしい。

孫崎　なるほど。アメリカの一部の人が日本に、「中国や北朝鮮といざこざを起こせ」と言っています。

中国と北朝鮮という問題の両方とも、基本的には、すべて相手国との合意ができるのです。中国もその用意はあります。つまらない、いざこざをするつもりはない。日本政府が合理的な対応を取れば、中国と北朝鮮との軍事的な衝突は起きない。

ところが、解決策があるにも関わらず、アメリカに「行け」と言われて踊る人たちがいます。

副島　真珠湾攻撃のときと一緒で、アメリカは必ず先に手を出させる。ウクライナ戦争では、プーチンをまんまと策に嵌《は》めて、これで、ロシアが国際法違反の侵略国にされてしまった。

ベトナム戦争でも、トンキン湾事件（1964年8月）を策略で起こして、北ベトナムを悪者に仕立てた。第1次世界大戦のときのルシタニア号事件（1915年5月）もそうです。ドイツの潜水艦にアメリカの商船を計画的に沈没させた。それでアメリカ国民を憤激《ふんげき》させて、アメリカの参戦を決めた。米西《べいせい》戦争（1898年4月）の時も、キューバの港で古い米船を沈めさせて、スペインが悪いとして、スペイン帝国を叩き潰しました。そしてキューバとフィリピンをスペインから奪い取りました。

自分たちの軍隊はなるべく出動させない。子分、手先、属国にやらせる。今回のウクライナがそうですね。アメリカ兵やイギリス兵は1人も死なないでいい（ただし、米軍顧問団、テクニカル・アドウアイザーズが、1000人ぐらい死んでいるようだ)。彼らは軍功《ぐんこう》を求めて自分からウクライナ兵に最新兵器の使い方を教えに行った米軍人たちだ。

これがアメリカのやり口です。元々はイギリスが教えました。前の方で話したとおり、日露戦争(1904—1905年)も真珠湾攻撃(1941年12月)もそうでした。やり方が徹底しています。

孫崎 もうアメリカの時代ではありません。いちばん簡単なのは、日本国民が、アメリカ一辺倒から脱する気持ちを持てるかどうか。残念ながら持てません。プーチンが、「外国の基地がある国は外国に操《あやつ》られる」と正しいことを言っています。

副島 日本は独立国ではない。主権国家(ソブリン・ステイト)ではない。プーチンが北方領土交渉の時に安倍首相に言いました。「日本は主権(sovereignty ソヴリーンティ)がアメリカによって制限された国だ。独立国ではない。だからいくら交渉してもうまくいかない」と。

孫崎 日本が米軍の基地を少なくとも縮小することを本格的にやれる国にならない限り、アメリカに使われる国のままです。

副島 日本はバカにされているわけですね。日本が外交で騙されない方法は、アメリカに対して、「それは出来ません」と拒否し続けることです。日本の官僚たちが得意とした

「前例がありません。だから出来ません」でもいいですから。絶対にアメリカの言うことを聞かないことが大事です。

孫崎　それをやったのは竹下《たけした》さんですよ。

副島　えっ、元首相のワルの竹下登《のぼる》（1924―2000年）が。

孫崎　だから、竹下登はアメリカにやられた。竹下さんは、1988年6月1日の国連軍縮会議の演説で、核実験の監視と査察を強化する制度の設立を目指す「日本会議」を提唱しました。そして「日本が二度と軍事大国にならないこと。非核三原則を国是として堅持すること」を表明しました。

さらに、次の日も記者会見で、国連平和維持活動（PKO）ついても、「日本は軍事的な分野に人を出す考えはまったくない」と宣言した。アメリカの意向に反抗しているのです。その直後に、日本の検察が作り出したリクルート事件が起きました。あまりにもタイミングが良すぎるのです。

副島　うーん。確かリクルート事件の始まり（1988年）は、竹下登潰しでした。私の竹下登への評価は低いです。竹下登は、田中角栄（首相。1918―1993年）から権力を奪い取るときに、プラザ合意（1985年9月）で、為替《かわせ》操作で20兆円を渡しますとアメリカに約束した。それで首相になれました。竹下はのちに、「(自分は）万死《ばんし》に値《あたい》する」と独白《どくはく》しました。

アメリカに抵抗した田中角栄を刺し殺した人ですから、私は、竹下登が嫌いです。それでも彼が作った派閥である創政会（やがて経世会）が、アメリカに狙い打ちにされたことは理解しています。

世界で大きな地殻変動が起きている

副島　私の主著は、アメリカ政治思想の党派分類（派閥分析）です。いまから27年前の1995年刊の、『世界覇権国アメリカを動かす政治家と知識人たち』（筑摩書房刊。今は講談社＋α文庫）です。この本で、アメリカ政治の思想派閥の全体像を日本に初めて知らせました。この本を読んでアメリカ政治の勢力分布が分かります。

アメリカの政治は、日本のように「親分―子分」でくっ付きません。イデオロギー（イデア・ロゴス。政治思想）で出来ている集団です。

アメリカ共和党の思想派閥のひとつが、「反税金・反福祉・反政府」であるリバータリアンの系譜です。大きな分類では、トランプ支持派は、リバータリアンに属します。自分で銃を持って、独立自尊《じそん》で戦います。しかし外国にまで軍隊を出すことには反対です。

この他に、自然権《ナチュラル・ライツ》を重視するジョン・ロック主義のロッキアン。保守本流のバーキアン（エドマンド・バーク主義）など8つの派閥があります。ここに、元左翼で対《たい》ソ強硬路線から出てきたネオコン派（グローバリスト）もいます。

一方、民主党は、一言で言うと、貧乏人と労働者と移民の党です。だから全体は反《はん》保守リベラル派です。

しかし、ニューヨークの巨大企業が貧しい人々の選挙の票を買収します。だからリベラル派のまま、最近はLGBTQ（少数派《マイノリティ》の権利擁護派）になって、どんどんおかしくなって、ディープステイト the Deep State に操られる勢力に転落しています。

孫崎　本当にそうですね。ウクライナ戦争にしても、ウクライナ国民は「我々が守ってあげる」という甘い言葉に騙《だま》され、NATOやアメリカのネオコングループとの関係を強化した。それが結果的に、ロシア側の侵攻を許す「口実」を与えてしまいました。

ウクライナがNATOに加盟しなければならない絶対的な理由はありません。ゼレンスキー大統領がロシアを過度に刺激しなければ、ロシアの侵攻は避けられ、自国民の無駄な死を招くこともなかったのです。

副島　実は、ネオコンの中に、同じ反共《はんきょう》主義の立場から、統一教会が（Moonies ムーニー）が潜り込んで来た。だからワシントンの政界がおかしなことになりました。日本だけでなくアメリカ帝国の中枢までも、この気色の悪い反共右翼の狂気の組織が潜り込んで穢《きたな》くした。これにキッシンジャーが怒った。

ゼレンスキーたち、ウクライナのネオナチも、NATO軍のヨーロッパの将軍たちも、ムーニー（統一教会と勝共連合）の影響を受けています。だから世界が危険な状態になっている。

このディープステイトとムーニーの勢力は、まずトランプ大統領を不正選挙（2020年11月）で追い落とし、次にプーチンを罠に嵌め、その次に、中国を叩き潰そうとしています。私は世界規模の地殻変動が起きていると思っています。

だからアメリカの国務省のキッシンジャー派の高官たちが、日本の統一教会勢力である安倍晋三を処分しました。次はゼレンスキーを処分すべきです。そうすれば、第3次世界大戦に突入する必要はありません。

孫崎　だから、世界はアメリカ一辺倒ではなくなりました。中国経済はアメリカを逆転しています。

アメリカにとって、アメリカに頭を下げる国がいい国で、他の国はみんな悪い国です。そのアメリカも衰退していきます。中国とアメリカとでは、アメリカが負けるに決まっています。負けるに決まっているにも関わらず、日本はこれほどにアメリカに忠義を尽くしています。おかしなことです。

副島　孫崎大使は、本当に、腹の底から反米《はんべい》なのですね（苦笑）。イギリス貴族仕込《じこ》みのアメリカ嫌いですね。ロシアや中国は、自分にとっての敵か味方かをしっかりと見極めますね。アメリカ側につく国々との貿易を徹底的に規制するでしょう。中国は、孫崎先生が第3章で力説されたとおり、友好国と非友好国の区別をしっかりつける。

私は、孫崎先生との今回の対談で、中国が対米《たいべい》で厳しく決断したことを、はっきり分かりました。これが私にとっての孫崎先生からの教えです。

日本が、おかしな方向に向かい、このまま無自覚に、惰性で意固地になってアメリカべったりの政策を続けたら、いよいよ追い詰められていく。このことを国民に教え、啓蒙《けいもう》する言論の力が弱いですね。多勢に無勢で、私たちは今も小さな勢力です。それでも300万人、500万人の国民を取り戻せると私は思っています。

孫崎　そうですね。闘いはこれからです。副島さんは、余命はあと10年とかと言っているけど、私はあと30年ぐらい生きるつもりでいます（笑）。

社会のため、国のために立ち上がる

孫崎　日本の社会は、極めて戦前の日本に近くなってきました。戦中、大政翼賛会《よくさん》が中心の翼賛体制（1940―1945年）のころ、おかしいと発言した人がいます。唯一発言していたのが、画家の松本竣介《まつもとしゅんすけ》（1912―1948年）です。軍部の美術への干渉に抗議しました。

「みづゑ《え》」という美術雑誌の1941年の1月号で、軍部は、芸術がどうあるべきか、として、「紙は単なる紙ではない。紙は武器だ、弾だ。絵の具もそうだ。だから、兵器である弾を使う画家たちは、我々軍部に従わなければいけない」と述べました。

副島　それが翼賛会の思想そのままですか。

孫崎　そうです。そうしないとダメだと脅したのです。愛国の組織を作り、一番協力したのは文学者ですね。

副島　そうです。徳富蘇峰《とくとみそほう》（1863―1957年）が会長で、日本文学報国会と大日本言論報国会の2つがあって、どちらの会長もしていました。

孫崎　すべてが軍部にひれ伏していたわけです。そのとき、松本竣介は、同じ雑誌で反論します。「絵画の根本はヒューマニティーにある。人類愛である。人類愛であれば、日本に限定されずに世界中に広がっていくものである」「銃でもって大東亜共栄圏を作ろうとしても、出来るわけがない」と。

そして、１９４２年に、決意の表明として自分がすくっと立っている「立てる像」を描きました。

いま日本は、ギリギリのところに来ています。結局、なぜ彼が声を上げることができたのか。それは、どこの組織にも属していないからです。

副島　戦後、日本人はずっと大きな洗脳状態に置かれてきました。世界共通の理念や知性に疎《うと》い。そのように仕組まれました。隣国の韓国人や台湾人のほうが、まだ世界性を持っています。記者会見に行って、自分の見識で記事を書いています。

日本の新聞やテレビ局の記者たちは英語ができません。外信部などを通さないと、国内情報に置き換えられない。日本人はあまりにも隔離され、閉鎖され、島国に閉じ込められました。たとえば、文科省に今も、ローマ・カトリック教会の司教《ビショップ》が来ていて、日本人の学校教育の中味を検閲《けんえつ》（センサーシップ）し、国民洗脳をしているようです。

日本には、孫崎先生のような世界で通用する本物の人材がほとんど育っていません。本当の愛国心を持つ優秀な人材を自覚的に育てるべきです。

孫崎　そうですね。日本は、国民が小さな利益を考えすぎるのでしょう。これをしたら損するというような、小さいものに大きく影響されている。社会のため、あるいは国のために動くという層があまりにも少ない。

私は1960年代にソ連にいました。そのときのソ連は政府に立ち向かえばシベリア送りになる。ですから、そんなことはできない。できないけど、覚悟をしてシベリアに行ってもいいという人間たちが、ポツポツと出てきたのです。

副島　ロシアの反体制派知識人といわれた、水爆の父で物理学者のアンドレイ・サハロフ博士（1921―1989）や、『収容所群島』を書いた作家のアレクサンドル・ソルジェニーツィン（1918―2008年）たちですね。

孫崎　そうです。そういう人間が社会の表面に出てくるのです。国民は、自分はシベリアまで行く勇気はないけど、信念を通すためにシベリアへ行ってもいいという人を応援しよう。これがロシア人です。

国がおかしな時に立ち上がる人間が、日本には圧倒的に少ない。立ち上がったときに、応援することをしない。一緒になって潰しにいく。

普天間問題で鳩山由紀夫さんが首相の時、一度立ち上がりました。国民は鳩山さんに石を投げることで満足し、依然として、みんなでいじめている。

立ち上がる人間が出てきたら支援する。反対に回らない。そういう国になってほしいですね。

すべての紛争は外交で解決できる

副島　私は１９７０年前後、新《しん》左翼の学生運動の体験で、死ぬほど苦しみました。過激派の内ゲバと言われた時代です。16歳の頃から、学生運動の活動家たちを先輩としてたくさんすぐ近くで見ていました。

セクト（党派）には、公安警察のスパイがかなり入り込んで来ていました。あそこのアパートに敵がいると教えられ、相手を鈍器のマサカリなどで叩き殺しに行きました。そういう憎しみの応酬で、日本の新左翼《ニューレフト》は、自民党と政治警察（公安警察）に計画的に潰されていきました。尊王攘夷の過激派や昭和の軍人たちも、潔《いさぎよ》い、ちょっと単純細胞の者たちは、皆、計画的に操《あやつ》られて悲惨な運命をたどりました。

政治の現場は、常に本当に恐ろしいものです。血だらけで、そこら中で人が死にます。私は、こんな所で、ただ死ぬわけにはいかない。身体障害者になるわけにはゆかない。自分が生き延びることを本気で考えて、私は知識人になって経済的に自立することを目指しました。これが、私の戦争体験です。

孫崎　そうですか。70年安保のとき、私はモスクワにいました。だから重要な日本の70年安保が分からないのです。

副島　私はあの時代を自分のちっぽけな身体で味わっています。時代の生き証人だし、当時の目撃証人《アイ・ウィットネス》です。だから、ここが私の強みです。

孫崎先生は、外務省で高級の国家情報部員として、当時の一番の上の外交官として生きて来られました。私は、私なりの言論業績を作って来たので、今のまま冷や飯食いで一生を終わっても構わない。それでも、この世の大きな枠組みの中の真実は、絶対に暴《あば》き続けます。

孫崎　外務省時代の先輩に、枝村純郎《えだむらすみお》さん（1932年―）という人がいます。彼は、「外交は価値観の違う世界で予測がつきがたい。はっきり黒と白で割り切ることができないし、善玉とも悪玉とも言い切れない。そういう訳のわからないところの勝負で、100点満点は、望むべくして望めないのが現実だ」と述べています。

私は、いつも51点、52点を目指し、何とか48点、49点を避けることが、外交の役割だと思っています。自己の主張を100％実現させる外交を展開するか、51％を目指す外交を展開するかで、外交のありさまは大きく変わります。

多くの人が１００％を目指すのが外交だと思い、間違いを犯しています。戦争に関して、いちばん大きな問題は、ミサイル攻撃に対して防御手段がないことです。ロシアや中国、北朝鮮が、仮に日本に攻撃するとき、ミサイルを使います。ミサイルで日本の政治、経済、社会の中心地を攻撃されると防げないのです。

アメリカがミサイルの撃墜実験に成功したというニュースをよく聞きます。ミサイル防衛は相手がミサイル発射台のように極めて限定された個所に撃ってくるときには、相手ミサイルの軌道計算が出来るので迎撃《インターセプト》可能です。

しかし、政治、経済、社会の中心地に攻撃する際は、正確な着地点がわかりません。着地点がわからなければ、軌道計算ができません。

軍事でもって日本の安全は守れません。しかし、妥協するという姿勢をもって、中国や北朝鮮あるいはロシアに対峙《たいじ》すれば、日本にとって真の意味の安全性の危険はないと思います。

これまで世界でいろんな紛争が起こっています。しかし、どの問題もその譲歩はだいたい可能です。ウクライナ戦争にしても、プーチンの要求は、ウクライナにとっても西側にとっても飲めないことではありませんでした。

すべての紛争は外交で解決できます。外交的にやっていくことで、それぞれ解決の道、和平《わへい》の道が必ずある。それは、１００％自分の想いを貫くことではありません。相手との妥協点を見出《みいだ》し、その妥協点が自分たちに許されるかどうかを考えること。それを中心に世界の和平を構築すべきでしょう。

おわりに

「武力行使反対」を唱えるだけでなく、和平の道を提示せよ

私は今、日本は極めて危険な所に来ていると思う。もはや、「正当な民主主義国家」に位置しないのでないかとすら思う。

「正当な民主主義国家」であるためには、言論の自由が不可欠である。しかし、日本は言論の自由のある国ではなくなった。

「国境なき記者団」が毎年、世界の報道の自由度のランキングを発表している。2022年、日本は71位である。G7の国では、ドイツ（16位）、カナダ（19位）、イギリス（24位）、フランス（26位）、アメリカ（42位）、イタリア（58位）で、日本はG7の最劣等である。

日本の周辺を見てみよう。エクアドル（68位）、ケニア（69位）、ハイチ（70位）、キルギスタン（72位）、セネガル（73位）、パナマ（74位）である。

報道の自由度で同じような国で7カ国連合を作るのなら、日本はG7ではなくて、エクアドル、ケニア、ハイチ、キルギスタン、セネガル、パナマと作るのが妥当だ。

なぜこんなことになっているのか。権力の圧力を、日本では、「忖度《そんたく》」という格好いい言葉で表現されているが、権力に対抗する発言を主要報道機関ができなくなっているという状況による。

確かに日本では、言論人が殺されるという事態は少ない。しかし、彼らの発言が一般の人に届かぬように、次々と手段を打ってくる。

いつから言論人の排斥が起こったのか。それは小泉政権（2001年4月26日―2006年9月）であろうが、2003年、安倍晋三氏が自民党幹事長になってからではないか。

典型的な例は、マッド・アマノ氏が自民党のポスター「この国を想い、この国を創る」をパロディにして、「あの米国を想い、この属国を創る」とした時のこと。これに対して、安倍幹事長が「上記ホームページ上の本件改変図画を削除されるよう併せて厳重通告いたします」と言ったのが、外部に出た最初の事件ではなかったか。

そうして、政府批判をする識者は次々と言論界から消えていった。

2022年、11月29日、次のニュースが流れた。

「宮台真司《みやだいしんじ》さんは東京都立大学・人文社会学部教授で、現代社会や戦後思想など幅広い分野を論評する論客。警視庁によりますと、きょう午後4時半前、東京・八王子市の東京都立大の南大沢キャンパスで、都立大の中で男性が顔を切られた、と目撃者の男性から110番通報がありました」

たぶん、この宮台氏襲撃事件の真相は明らかにならないだろう。だが、このような進展は当然予想された。

政府・自民党は、反対の見解を持つ者を自らが排斥しただけではなく、世論工作でこうした人々への憎悪を搔《か》き立てる支援をした。その氷山の一角が次の報道に表れている。

「一般市民を装って野党やメディアを誹謗《ひぼう》中傷するツイッターの匿名アカウント〝Dappi（だっぴ）〟発信元企業が、自民党東京都支部連合会（自民党都連）から昨年も業務を受けていたことが、17日、東京都選挙管理委員会が公表した2022年分の政治資金収支報告書でわかりました」

〝Dappi〟のようなサイトで憎悪を搔《か》き立てられた者が、最後には殺人まで犯すのは十分予測されたことである。

こうして言論人が次々姿を消す中、政府を厳しく非難する副島隆彦氏が生き残っているのは凄《すご》いことだ。それは確固とした副島ファンを確立したことにある。その力量には、自らの力不足を痛感するにつれ敬服するばかりである。

そうした中、せっかくの場所の提供をいただいたので、私が今、発言したいことを次に記す。

日本は今、国会では9条を主体に、憲法改正に賛成する勢力が3分の2を占めている。防衛費の増大を当然のことのように議論している。

他方において、公的年金の実質的目減りを当然のようにしている。安保三文書、「国家安全保障戦略（NSS）」「防衛計画の大綱（大綱、「国家防衛戦略」と名称変更）」「中期防衛力整備計画（中期防、「防衛力整備計画」と名称変更）」が成立しようとしている。明らかに戦争をする国に向かって動いている。

なぜこうなったのか。

申し訳ないが、私はリベラル勢力、護憲グループの怠慢によると思う。

平和的姿勢を貫くには、①武力行使に反対と、②対立があれば「平和的」手段を貫くという政策の両輪が必要である。平和的な帰結が行われるためには、常に当事者双方の妥協が必要である。

妥協が成立するためには、過去の経緯、双方の主張、妥協点の模索《もさく》をなさねばならない。

前者だけで後者がないとすると、どうなるか。

ウクライナ問題を見てみよう。

2022年2月28日、英国ガーディアン紙は「多くがNATO拡大は戦争になると警告した。それが無視された」という標題で、「ロシアのウクライナ攻撃は侵略行為であり、最近の展開でプーチンは主たる責任を負う。だがNATOのロシアに対する傲慢《ごうまん》で聞く耳持たぬとの対ロシア政策は同等の責任を負う」と述べた。

この間、日本では溢《あふ》れるばかりのウクライナに関する報道があったが、こういう報道を知っていますか。

日本等はロシアに対する経済制裁を主張した。しかし、これは有効に働かない（西側はロシア原油の購入を止める動きをしたが、中国、インドが輸入し、他方原油価格の高騰でロシアの石油収入は逆に増大した）。「糾弾」と「制裁」の主張は、結果として武力行使、武装の強化にいく。

日本が平和国家なら、当然、和平をまず考えるべきである。日本のどの政党が、どの政治家が和平案を提示したか。

世界を見れば、トルコ、イスラエル、インド、インドネシア、中国は和平を、ロシア、ウクライナの両国に呼び掛けた。米国統合参謀本部議長ですら、「和平で解決する時になっている」と主張している。なぜ日本は、それができないのか。

かつて夏目漱石は日露戦争について、短編『趣味の遺伝』（1906年）の中で、「陽気のせいで神も気違《きちがい》になる。『人を屠《ほふ》りて餓えたる犬を救え』と雲の裡《うち》より叫ぶ声が、逆《さか》しまに日本海を撼《うご》かして満洲の果まで響き渡った時、日人と露人ははっと応《こた》えて百里に余る一大屠場《とじょう》を朔北《さくほく》の野《や》に開いた」と書いた。「神も気違《きちがい》になる」と表現した。

同じくトルストイは「知識人が先頭に立って人々を誘導している。知識人は戦争の危険を冒《おか》さずに他人を煽動《せんどう》することのみに努めている」と書いた。

繰り返すが、今日の政治混乱の一端は、日本のリベラル勢力、護憲勢力の怠慢による。「武力行使反対」を唱えるだけでなく、和平の道を提示しなければならないのだ。

2023年1月

孫崎　享

孫崎 享（まごさき うける）

1943年、旧満州国鞍山生まれ。1966年、東京大学法学部中退、外務省入省。駐ウズベキスタン大使、外務省国際情報局局長、駐イラン大使などの要職を歴任。2002年より防衛大学校教授。2009年3月退官。現在、東アジア共同体研究所所長。執筆、講演活動のほか、ツイッターやニコニコチャンネル「孫崎享のつぶやき」などでも積極的に発言している。
主な著書に、20万部を超えるベストセラーとなった『戦後史の正体』（創元社）をはじめ、第２回山本七平賞を受賞した『日本外交 現場からの証言』（中公新書）、『日米同盟の正体』（講談社現代新書）、『日本の国境問題』（ちくま新書）、『平和を創る道の探求』（かもがわ出版）、『21世紀の戦争と平和』（徳間書店）などがある。

副島隆彦（そえじま たかひこ）

1953年、福岡市生まれ。早稲田大学法学部卒業。外資系銀行員、予備校講師、常葉学園大学教授などを歴任。副島国家戦略研究所（SNSI）を主宰し、日本人初の「民間人国家戦略家」として、講演・執筆活動を続けている。日米の政界・シンクタンクに独自の情報源を持ち、金融経済からアメリカ政治思想、法制度論、英語学、歴史など幅広いジャンルで、鋭い洞察と緻密な分析に基づいた論評を展開している。
主な著書に、『習近平独裁は欧米白人（カバール）を本気で打ち倒す』（ビジネス社）、『プーチンを罠に嵌め、策略に陥れた英米ディープステイトはウクライナ戦争を第３次世界大戦にする』（秀和システム）、『金融暴落は続く。今こそ金を買いなさい』（祥伝社）、『人類の月面着陸は無かったろう論』『ドル覇権の崩壊』『もうすぐ世界恐慌』『有事の金。そして世界は大恐慌へ』（以上、徳間書店）など多数がある。

ホームページ「副島隆彦の学問道場」
http://www.snsi.jp/

装幀／HOLON
編集協力／水波 康（水波ブックス）

世界が破壊される前に日本に何ができるか

第１刷　2023年1月31日

著　者　孫崎 享／副島隆彦
発行者　小宮英行
発行所　株式会社徳間書店
〒141-8202　東京都品川区上大崎３－１－１
目黒セントラルスクエア
電　話　編集(03)5403-4344／販売(049)293-5521
振　替　00140-0-44392
本文印刷　本郷印刷株式会社
カバー印刷　真生印刷株式会社
製　本　東京美術紙工協業組合

ISBN978-4-19-865588-4